廣東省立圖書館叢書之一

廣東文化論叢

杜定友編

◇助人一分，等於自利萬分；
故大量的助人，即有大量的收穫◇

本書印刷費
由
名律師謝祚蔭先生捐助
特此致謝

謝律師事務所：廣州市(22)西湖路六十八號
電話：一六五三一

廣東文化論叢

目錄

一、廣東文化與廣東文獻

「研究鄉邦文化　發揚民族精神」

杜定友

一、

廣東省多少方里的地方？東西南北，四至幾里？嶺南二字，從何而來？珠江流域，其源何自？山川形勢怎樣？氣候風土如何？地下有什麼寶藏？地上有什麼生產？中外交通，在廣東如何發展？抗戰建國，廣東占有怎樣重要的地位？

廣東有多少年的歷史？戰國時候，稱爲百越之地，秦漢以後，置郡設縣，什麼時候改爲省治？歷年以來主政者何人？他們的豐功劣跡，影響于人民生活到什麼程度？本省政制，經過了幾次變更？在國家政治上，占有什麼位置？最近本省政治建設，復興氣象，對於建國前途，有什麼關係？歷次發表的施政計劃，我們都好好地保存沒有？

廣東有多少民族？何以稱爲客家？誰是隔隣老表？傜苗蛋蜑之外，還有什麼其他民族？他們在人種學人類學上，有什麼特徵？他們的言語風俗，生活習慣又如何？廣東方言最爲複雜，保存古音，卻又最多。中外交通，首當其衝，華僑人口，爲各國之冠。廣東民族的生活態度，也就是廣東精神文化的表現，我們有豐富的材料，科學的研究，系統的結論嗎？

廣東有多少學者？如張曲江，朱九江，陳白沙，胡金竹，康南海，梁新會等等，詩有嶺南三大家、文有粵東十三子。黃丹書詩書畫號稱三絕，李國龍工畫蝶，李鳴盛善畫竹，吳青畫魚，招子庸畫蟹，盧相武以畫馬著，黎同嶽以畫牛名，二樵山水，名重當時，畫苑稱雄，南呂北炙；蘇廷魁，陳慶鏞，朱次琦號稱粵東三御史，孫總理，陳少白，楊鶴齡，尤烈號為革命四大寇。康有為著書一百卅七種，丘逢甲題詩一萬餘首。風流高僧蘇曼殊，南華六祖釋惠能，容閎留學美國，開風氣之先，潘玉書以石灣工匠，習藝于法國，蜚聲藝壇；招子庸之粵謳，在中國文學史中，自成一格；何淡如之通俗文藝，俚語諧談，令人笑顏逐開；潘仕成之海山仙館，琳瑯滿目；伍崇曜之粵刻版本，名重一時；屈大均有西園詩社；馮敏昌講學粵秀，湛若水與王陽明，分庭抗禮；洪秀全首倡義師，反清復明，古今來吾粵有多少名將通儒、英雄豪傑，他們對于民族思想，學術風氣，文藝武技，都有偉大的貢獻，他們生平事跡如何，著述遺墨，我們都有保存麼？都看過麼？他們的思想事業，我們有繼續發揚光大麼？

廣東產生過一個前無古人，後無來者的偉大人物，這是誰？他一生奔走革命，為中華民族開闢一條光明大道，為世界人類，指示大同幸福的南針，我們對於這位民族英雄，他的故鄉，有善為保護麼？他的遺物遺墨，有珍如拱璧嗎？他的遺著，有搜羅保存，廣為流傳麼？對于他的主義，有普遍宣傳，深入民間麼？有樹立堅決的信仰，一致的擁護麼？對于他的主張計劃，有徹底實行，次第實現嗎？繼承他的遺志，實現他的理想，是每個廣東人的責任。我們有忠實地做到麼？

可愛的廣東，她有錦繡的河山，有悠久的歷史。有豐富的文化，有傑出的人才，她是革命的策源地，她是三民主義的孕育場，她是抗戰的先鋒，她是建國的基地。「教我如何不愛她」？我們愛她，就要認識她，研究她，把她的優點。一一保存起來，表揚起來，光大起來，她如有缺點，一一改善起來，調整起來，肅清起來，使她成爲一個更可愛的廣東，更完美的廣東，一個嶄新的廣東，這就是文化工作者的責任，也是每一個廣東人的責任！

此外還有許多廣東的政治問題，軍事問題，社會問題，教育問題，經濟問題，建設問題，外交問題，自古到今，從內到外，這一切的文物制度，風土人情，精神的留傳，物質的建設，其中不知有多少問題，多少資料，我們要對於每一個問題，都要有清澈的認識，明白的解答，才可以得到廣東文化的全貌，所以要研究廣東文化，不是看一部書，著一部史，所能完成的，我們要從各方面去探討，從多角度去研究，更非一人一生，一時一地，所能盡其蘊藏，窺其全豹。博觀約取，由於點滴之功，竹頭木屑，都是有用之材。那麼這些材料，在什麼地方呢？保存這些材料，又是誰的責任呢？

文化的內容，包羅萬象，文化的材料，經緯萬端，誰也不能將文化史料全部保存，天下也沒有這樣大的地方，可以容得下。不過從狹義的來說，現成的材料，則圕博物館藝術館科學館，是最適當的地方，最應負責的機關。因爲他們是文化的倉庫，文化的堡壘，也是研究文化，創造文化的最適合場所。四者之中，尤以圕爲最重要，因爲一代文化，大部份存於文獻。子曰「夏禮吾能言之，杞不足徵也，殷禮吾能言之，宋不足徵也，文獻不足故也，足則吾能徵之矣」。文化與文獻，其關係於此可見。而保存文獻，爲圕最重要的責任，圕與文化之關係，也於此可見。

二、

圕對於文化的關係，和保存文獻的重要，常被人忽視着。在一般人看來，圕祇是一所房子，裡面滿堆着圖書，公開閱覽，如是而已。不知圕的種類很多，範圍很大，而各地方的圕，對于保存地方文獻，尤爲專有責之。以廣東文獻而論，負保存責任的當然廣東省立圕了。但是這一點，也被人忽視了。當廣東省立圕創立之初，一般人也以爲現在書籍太缺乏了，非有一個圕不可，誠然，提倡讀書運動，供應參攷資料，這是每一個圕的責任，但是一個省立圕，則除此以外，更有重要的責任，就是保存廣東文獻。

過去我們也有過廣東省圕，從廣雅書院的藏書，遺留下來，積至民國初年，內容頗有可觀。可惜當時的主持人，也把牠當作一般圕看待，以爲藏一些書，編一個目，公開閱覽，也就盡了責任。以全省各縣的志乘，沒有一份齊全的，本省出版的日報，沒有一份繼續保存至現在的；本省的詳細地圖，各項統計，沒有一種可靠的表册，全省文化的演變，政治學術的興替，也沒有一些可據的材料，這是誰的責任，誰的錯過。

政府當局，社會人士，也不當省圕是怎麼一回事。因此民國二十年間，因爲要節省經費，就貿然把牠停辦，將所有的藏書，分別移存給廣雅中學民衆教育館和市立中山圕。數十年悠久的廣東圕，就不幸斷送在這班不懂文化的官僚手上，這種荒謬的措置，值得後世萬人的唾罵。

廣東省行政教育費的支出，每年少則數百萬，多則數千萬，拿出數十萬元來辦理一個全省文獻所聚的圖，原是很應該而且必要的事，乃當時短視若此。爲了節省一二萬元的經費，把牠停辦，竟視爲無足輕重的事，我省文獻淪於論亡，思之令人痛恨！

自抗戰以來，我省文獻之損失，爲亘古巨厄，在時局離亂之中，文獻更足珍貴，這數年來，我們在抗戰建國上，盡了些什麼責任？建了些什麼事功？最近省內政治的新建設，文化的新進步，凡見諸報張簡記，刊諸圖書雜誌者，我們沒有圖，誰去負起這保存整理之責？將來時過境遷，往事如烟，回憶前塵又向誰追問？文化不是憑空可以創造的，歷史事實，是不可以抹煞的，保存文獻的重要，希望政府當局，社會人士，加以十二分的注意。

三、

「往者不可諫，來者猶可追」廣東省立圖此次復館之初，即以保存廣東文獻：提倡讀書運動，推進圖書事業爲三大目標，而以保存廣東文獻爲第一。可惜創設伊始，舊藏未復，一書一物，都要從新購置，另起爐灶。以三萬餘元的經費，又要建築，又要發薪，又要辦公，又要購置，以現在物價比例，不過當戰前三千餘元，要維持一年，還要辦這許多事，眞捉襟見肘，力竭聲嘶。一般人以爲辦圖，是不需要很多經費的，以爲館內的圖書，可以分函徵求，書坊出版，必有贈送，他們不知現在是什麼時候，在什麼地方？大家都是刼後餘生，那來家藏十萬卷的人，而且印刷交通的困難，印費成本的高漲，即宣傳品也不能大量印發，何況珍貴圖書呢？各機關出版刊物，照定價售脫，還要蝕本，誰有餘力，樂善好施？即不說經濟困難的話，在這荒蕪的所在，一般很普通不值錢的書，也不容易搜集，遑論其他。以最通俗最不被人重視的木魚學謳爲例，我們走遍了曲江書肆，祇找得兩三部，這種刊物，不値得搜存嗎？牠在中國文學史上，別具風格，在本省語言文字上，創作尤多，而表現各時代各地方的人情風俗，民族思想，尤爲難能可貴，可惜以前辦理圖的人，岸然道貌，棄如敝屣，任令民族歌聲，湮沒無聞。到如今散失殆盡，追悔莫及。子曰「雖小道，必有可觀者焉」。奈何文人不察？

對于廣東文獻的徵集，應具有遠大的眼光，廣濶的範圍，並且不以書本爲限，照廣東省立圖所訂的徵求辦法，分圖和書兩大類，圖就是圖片，凡有關於本省之文物度制，風土人情，語言文字，名勝古蹟，地方製作，如圖畫，照片碑誌，拓片，檔案，譜牒，傳單，標貼，板片，唱片，影片等等。書就是書報，凡本省人士之著述，討論廣東之文字，及本省之境內出版刊物，不論新舊，不論版本，不論篇幅，不論原稿印本，叢書小冊，如書本，什誌，日報，報告，冊籍，表簿，卷軸等等，務期對于廣東文化的資料，巨細不遺，寧濫毋闕，每種並多備複本，以便分地保存，以垂永久，在未搜集齊全之時——其實永無齊全之日——先行從事編輯廣東文獻索引四種：

甲、廣東史料：凡古今中外圖雜誌報章，有關于本省的記載，不論長篇斷簡，圖片表格，我們把牠的名稱內容，一一編爲索引卡片，凡一名一姓，一時一地，一事一物，每件編卡片一張，這索引編成之後，比如我們要研究廣東財政問題，那末一檢「財政」二字，就所有書報，關于這個問題的資料，都在是矣。

乙、鄉賢著述：凡本省人士之著述，單行出版，或見諸歷代藝文史志，及各家圖書目錄的，我們把每一種書，編製人名書名和類名目錄，這種索引卡片，編成之後，我們可以知道本省人士著作出版了什麼書，或關于某個問題，有多少廣東人的論著。

丙、人名傳目：凡本省人士，其姓名見於史傳，或各種譜牒的，記其姓名別號，生卒年月齋名籍貫，及註明他的小傳行述，載在什麼書報，我們更想擴大範圍，將各機關各學校的職員錄同學錄，凡是有本省人士的，都一一記錄下來，這索引編成之後我們可以查見某人是否廣東人，他的小傳履歷等，見載什麼書報，我們雖不必替每一個立傳，但是凡有傳記的，我們從這個索引，都可以知道了。

丁、本省刊物：凡本省境內所有印刷出版的圖書什誌日報，每種分別編製人名書名類名目錄。從這個索引，我們可以知道各時代各方面，本省出版了些什麼？他們對于學術思想影响如何，都可以從此研究。

這個索引範圍之擴大，工作之浩繁，眞有些不可思議，而且這種工作，要永久繼續，沒有完成之日。但我們可以每年分別印行，按時發表，以便研究。每五年十年也可以彙刊一次，以成大觀。在編製的時候，如有重要史料，孤本舊鈔，還可以另編特輯，以廣流傳，這種計劃，非有數百萬元的經費不辦，但是我們並不因經費無着，而坐以待旦，我們就現在的人力物力範圍以內，已陸續進行。最近廣東史料索引，已在民族文化月刊，發表了一小部份，中國人名大辭典內所有的廣東人士，我們已經編爲索引。工作也極爲繁重，比如古今地名不同，非一一查對，難以確定，現在已經編好的索引，約在八千張以上，所以省圖在外表上，雖祗有寥寥幾千本書，而內部的工作，着實繁忙呢。

四、

我們爲了要「研究鄉邦文化，發揚民族精神」，這一個久遠偉大的計劃，是需要全省人士，一致協助的，關于材料的供給，經費的籌募，工作的指示，計劃的完成，在在所需要廣大的同情，多方的援助。廣東省立圖是廣東人的圖；他的繁榮發展，就在每一個廣東人的肩膀上。廣東文獻，是廣東民族文化的寫照，是我們繼往開來的圭臬，牠的保存發揚光大，也在每一個廣東人的肩膀上。我們要建設中國新文化，必須健全新文化之一環！建設廣東新文化而保存廣東文獻，又爲建設廣東新文化之一環，此點希望全省人士，予以充分的重視！

（卅年十二月十四日文化新聞）

二、廣東沒有文化?!

杜定友

「廣東沒有文化」這句話，竟在全國性的會議席上，被人提出。我們三千五百萬的廣東人民，能忍受嗎？但是，不忍受，又怎樣？

一個外來的客人，來到廣東，以廣州為例，若是他看到全市的商業鼎盛，洋貨滿地，「黑膠綢衫」觸目皆是，更想起外埠的大公司，華僑的大商業，都是廣東人領導的，怎能禁他不說：「廣東是商業文化」？若是他看到五步一樓，十步一閣，歌場舞榭，花枝招展，恐怕他還要說這是「食色文化」呢！若是介紹他認識的人，都是什麼「長」什麼「座」，滿街都是機關招牌，官樣文章，而沒有很多知名的學者，和他相見，也難怪他不懷疑這是「官僚文化」。再看見滿街方型雜誌，連環圖畫，更証明是「黃色文化」。此外還有「赤色文化」，「灰色文化」。總之好的沒有給他看見，而壞的卻給他全看見了。以他所得的印象，確是如此，我們怎能禁止他說「廣東沒有文化」呢？

廣東沒有文化嗎？我們否認。我們絕對的否認。我們有創造的文化，革命的文化。中國近代史上，戊戌政變，辛亥革命，不是我們廣東人倡導的嗎？若是沒有我們打開近代文化學術之門，則整個中國，還是過着關閉自守，奴才文化的生活呢。不過創造的文化，革命的文化，是外向的是揮發的。其效果影響，雖或轟動一時，而難持久遠。所以我們對于內在的保守的文化，實有充實求進之必要。

葉恭綽先生擬纂「清詞鈔」一書得詞人四千八百五十人。其中江蘇二千零九人，浙江一二四八人，廣東一五九人，福建八十七人，。（見新中華四、七第二五頁）可見以詞人而論，遠不及江浙了，但也不失爲全國第三位呀！誰說廣東沒有文化？雖然這一個小小的統計，不能代表文化的全貌，但是我們若從各方面加以研究，加以統計，加以揚棄，加以光大，則廣東沒有文化，我們將有具體的答覆，此時此地，我們可不必多費脣舌。

但是，我們要研究要統計，其材料從何而來呢？——圖書。一切外向的揮發的文化，都要靠內在的保守的文化，以流傳揚掖，而圖久遠。圖書是文化的紀錄，是文化的殷鑑，其重要可知。而圖書資料的整理以供文人學士研討的，其責任在圕。

在一個現代化繁華的都市，我們並不反對爲尙堂皇的娛樂場所，和富麗華貴的冰場餐廳。但是我們更需要一個規模宏大，內容豐富的圕，在兩者不可兼得的時候，則何去何從？就是我們復員伊始，黨政革新的當兒，所應決定的了。若是一面不能建立文化表徵的圕，而一方面任由社會一切的畸形發展，甚至在死人身上，也可化上幾萬萬元，爲了少數人也建設寬宏的衙署，而全省唯一的省立圕除薪津外，所有購書費事業費辦公費每月祇有四萬元（不足定報紙二份），讀者座位，祇得廿餘個，以至巧婦難爲無米之炊，工作無由表現，則又何怪他人說，廣東沒有文化呢？

文化事業，除了圕之外，還多着哩。我們並不以圕爲最重要。但比起其他非關文化教育的機關，當不可同日而語。對廣東省立圕現有的內容而言，也確有不少關繫廣東文化的資料。如本省地志，在戰前，全國以故宮博物院所藏最多。因爲那是內府藏書，各省無不貢獻的。但是他們的所藏，祇有八十縣，而這裡已有八十七縣，當爲全國之冠。各縣鎭地圖，也有十之七八。鄉賢著述，自張九齡余曲靖陳白沙湛甘泉而下，無不略備。廣東名人手跡圖像及全省名勝風景都三百餘幀。其他關于廣東史料本省刊物，凡一萬五千餘冊之多，這些材料，實爲全省文化之寶藏。若有充分的人力物力，加以整理，若有寬敞的館舍，公開陳列，則廣東省有沒有文化，不難得到一個具體的答覆！

在整個的國家政治紛擾，經濟困乏的時候，我們並不希望有大規模的進展。但是最低限度，應有相當的人力物力，和地方設備，在一二年內，像個樣兒。在現在舉辦文化事業、要想與世界各國，甚至國內各省，爭一日之長短，尙非其時。我們要辦一個應有盡有十全十美的，這是永遠達不到的理想。所以我們應當重質而不重量，重內容而不重外表，問題是在整個文化事業當中，我們有什麼拿手好戲，使一個外來的客人，留下一個深刻的印象。就省圖現有的內容，若加相當的陳設這一點是可以保證實現的。

這裡我們所要提出的，是以圖爲例。說明在黨政革新的時候，文化建設，實爲首着。而文化事業，是多方面的，是由一點一滴所型成的。我們不能好高騖遠，拿起一個大題目，如「提高文化水準」，「發揚民族精神」之類，空喊一回。我們從大處着眼，小處着手。我們祇要有一技之長，一得之愚，不患無以自立。個人如是，事業亦如是，衆擎易舉，集腋成裘，然後整個文化，才有所表演。希望各主管機關，權其輕重，辨其緩急，各文化機關，各本所業，各盡所能，合演一齣拿手好戲！

爲了洗雪這一句「廣東無文化」的耻辱，我們該如何競競業業，切實地幹！專誠地幹，苦心地幹！永久地幹！

（卅五年十月卅日革新評論）

三、廣東文化在那裏？

杜定友

文化這件東西，你說是無形，却是有形。若說有形，却道無形。你要看看一時一地的文化麼？那末隨時隨地都是，如山陰道上，目不暇給。你要拿來仔細研究一下嗎？却是一部二十四史，不知從何說起？文化在那裡呢？這却很難全盤拿出來給你看的。但着實要研究的話，那末祇有從「人」與「書」爲入手的辦法。

人是文化的創造者推動者！

書是文化的紀錄者傳遞者。

吾粵古稱南蠻之地，談不上什麼文化。當然，我們這裡所謂文化是指程度較高的，過去對中原文化而言，近代對世界文化而言。在唐宋以前，廣東文化，瞠乎人後，這是無可諱言的。雖是在秦漢以來，廣東已設郡縣，與中原文化之交流，不無同化，日趨進步，但仍不免落後，自唐張九齡宋余靖崛出而後廣東人在中國文化史上，方有其地位。這並不單是因爲他們做了大官，而是因爲他的道德文章，彪炳一時。甚而韓文公蘇東坡之相繼謫粵，於我省文風，也有莫大之影响。不過在明以前，所有名宦學者，不過步武中原，以詩文見重當時，而在學術上卓然成家，樹立嶺學之大業的，首推陳獻章白沙先生。他實爲廣東文化界之匠宗，其門人湛甘泉若水，更發揚而光大之，與王陽明分庭抗禮。其時書院林立，士子載途，論學之風，瀰漫全粵。至清則有朱次琦九江，陳蘭甫東塾，終身講學，源流不絕。雖然文化包含甚廣，不以儒學爲限，他如詩詞藝術，文物製作，都是文化的重要部門。在明清之際，我粵亦人才輩出，指不勝屈，就是當代大儒，也無累數十百人。這里不過舉其彰明較著者而已，不過無論那一個時代，那一個地方的文化，雖然內容繁複，門類孔多，但仍有其中心人物。而一代儒宗，往往是一切文化的推動者。故文化之發展，往往不在乎當時人們官階之高，政績之大，而在乎一二人之道德文章，有以影響群倫耳。

這裡所舉的大儒，雖嘗執廣東學術界之牛耳，對於中原理學，有過相當的交鋒，但是範圍還是狹窄，影響也不深刻。性理之學，雖然有益於世道人心，但究屬玄妙，難見實效。在清末的時候，西洋文化的巨流排山倒海而來。而迎接這個局面的，我們有康有爲梁啓超兩位先生。他們的學問，已越出舊經史子集四部之外，而涉及全國的政治經濟。影响所及，自然較陳湛大得多了。不過他們祇是廣東文化新時代發展前的過渡人物，有轉移文化的魄力，而缺乏中心思想，故無偉大的建樹。因廣東地理環境的優越，自明末清初以來，爲中外交通樞紐，故廣東文化受其影响，不祇及于全國，而且要及於全世界。這影响全世界的人物，就是我們　國父孫中山先生！

中山先生學貫中西，思慮過人，手創三民主義，非特爲建設新中國的指針　而且有奠定世界和平之偉大力量。他的革命事蹟，固然家懸戶曉，但是他對於世界文化的出路，影响人類的心理，其貢獻更爲偉大。我們廣東文化，到此而放一異彩開闢一個新境界，指引我們向光榮的前途邁進。在清末國勢殆危，世界紛擾的時候，廣東產生了這位偉大的人物，眞是我們無限的榮幸！

文化是人類的思想活動，經長時間孕育滋長，而生出來的花果。其範圍日趨繁博。我們承先賢的餘緒，應如何繼其遺志，發揚光大，以造成更偉大更燦爛的新文化？這是我們每一個人的責任。但是我們怎樣去接受？怎樣去了解？怎樣去發揚呢？我們對于先賢的著述，若不洞悉其底蘊，對于他們的為人為學，沒有深刻的體認，何從發揚光大呢？而且研究廣東文化，除了正統學術不外，還要旁及其支流反應，深究對于全國社會風尚，人民生活的關係。最簡捷的方法，首先不能不在書本上下一些工夫。

圖書與文化，互為表裏。我們試看某時某地藏書出版的內容與數量，就可以知其文化之高下。以藏書而論，我粵遠遜江浙各省。但是黃文裕的寶書樓，陳琴軒的萬卷堂，張西園廣經書，屈翁山的四百三十二峯草堂，吳榮光的筠清館，丁日昌之持靜齋，伍崇曜之遠愛樓，潘仕誠之海山仙館，陳蘭甫之東塾書樓，孔廣陶之卅三萬卷樓，孔柳橋之碧琳瑯館，李文田之太華樓，梁節庵之葵霜閣，康有為之萬木草堂，莫天一之五十五萬卷樓，徐信符之南州書樓，所藏甚富。至公家藏書，在明清之際，書院林立，多有藏書。各地學宮，則更由公款購置，以供學子。惜自民國以來，書院廢棄，文風低落。私人藏書，不出三代，再經戰亂，片楮無遺。至全省性之公立圖，則成立於宣統二年。以廣雅書院之冠冕樓藏書為基礎。曾收購孔氏嶽雪樓所鈔文瀾閣書三百餘種，民國後由民政廳教育廳撥各府州縣志全份，民國十年收受梁節庵葵霜閣藏書六百餘箱，他如廣東文獻，亦蔚為大觀。惜民國二十年間，因欲節省每月千餘元之經費，竟將該館停辦。坐令全省唯一公藏，烟消雲散。當局措置之荒謬，莫此為甚！

至於刻書方面，在宋代以杭州為上，西蜀次之，福建為下。而廣東還談不上什麼佳刻，數量亦少。

至清道光四年，阮元督粵，設學海堂，以樸學課士，並刊刻皇清經解，十三經注疏等巨著，因書籍之流通，學風爲之一振。光緒年間張之洞南皮更在南園設廣雅書局，以刊刻史書著名，其後彙爲廣雅叢書，尤爲士林推重。而新會陳氏葄古堂，以一人之力，獨刊廿四史，與五局合刻本爭一日之長短，尤爲難能可貴。其時省內富商，也紛紛以刻書爲時尚，如伍崇曜之粵雅叢書，潘士誠之海山仙館叢書，都蔚爲巨觀。我省文風之盛，以此時爲最。

曾文正公說「風俗之厚薄奚自乎？自乎一二人之心之所嚮而已。民之生，庸弱者戢戢皆是也。有一二賢且智者，則衆人君之而受命焉。尤智者所君，尤衆焉。此一二人者之心向義，則衆人與之赴義。一二人者之心向利，則衆人與之赴利。衆人所趨，勢之所歸，雖有大力，莫之敢逆。故曰撓萬物者，莫疾乎風。風俗之於人心，始乎微而終乎不可禦者也。先王之治天下，使賢者皆當路在勢，其風民也皆以義，故道一而俗同」。（曾文正公集原才）所以文化運動，也在乎一二人之提倡。考我省學風之盛衰，也無不同此一例。比如各代講學刻書之風，都是由一二大儒的倡導，而風靡一時。可是古代的宣傳技術，遠不及現代的風樣翻新。爲什麼現在的文化運動，總覺得空虛而無實效呢？這是很值得我們研究的。我們並不否認宣傳技術之重要，但是問題的核心，在乎一二人之心，是否以身作則，專心誠意去做？這才能夠實收潛移默化，風行草偃之功，若是把文化運動也好像獻金運動慰勞運動，一樣的作風，那就糟了！

因此，我們希望今後在廣東，能出產一二大儒，力挽狂瀾，作中流砥柱。不能的話，就是最低限度，要有一班苦心孤詣的文化工作者，在現在分工合作的時代，各人專心致志，從事一部門的工作，滙合爲整個文化的洪流，以推進社會文化的事業，提高廣東文化的地位，以謀對於民族文化，有所貢獻。但是這一班文化工作者，從何產生呢？當然在人才的培養。就廣東而言，我們對於本省過去的文化背景，人物歷史的演進，要有清楚的認識。對爲當前的文化問題，及將來的世界動向，有仔細的觀察。然後能接受以往文化的基礎，開拓新文化的境界。在工作方面，我最低限度應有一個完備的圖　設有廣東文獻的特藏，以供參考研究。這是從事文化的第一步工作。

担負起這基本研究資料的供應者，當然是唯一的廣東省立圖。館內應藏有關於廣東人物史實的資料，及先賢的全部著述，作有系統的組織與管理，對於整個廣東文化，有具體的表述與評價。否則廣東文化在那裏？何由表見呢？可是現在的省圖，能負起這責任嗎？自民國廿壹年停辦之後，原有的圖書，瓜分豆剖，更經戰亂頻仍，蕩然無存。廿九年曲江復館，經費既感不足，搜集更屬不易。比如基本的各縣志不亦過二三十種，其他更不足論。今後除有充裕經費，大量購置外，還有許多資料，不是金錢所能買到的，也有許多不用購買，而可以羅致的，這不能不有賴於全省人士合力協助，以集腋成裘，蔚爲大觀。我們要有了這基本研究的資料，才能夠從事發揚光大的工作，以創造廣東的新文化！

現在借葉恭綽先生之廣東文物跋，爲本文結論，以明廣東文化建設之要道。文曰：「凡欲集中一地域或一時代之一物，使之成爲一個有系統有意義之表現，以供吾人之考索與觀感，竊以爲廣東省之急務，蓋有四焉。曰設圖，曰設博物院，曰編印叢書，曰纂修方志。此四者久爲主持文化教育事業者，所應有之事。而在吾省則尤爲急要者也。蓋握東南政治軍事經濟之樞要，與近代交通暨歷史之轉變，有重要之關係吾粵者，其文化教育之設施，比年乃轉遜於各省，此實爲全省人仕之耻！此雖或有甚多不得已之故，然吾人不應以之自欺自恕，而終聽其落後也。粵人於政治經濟，時以創業者自負，且事實亦克副之。若夫文化教育上之設施，吾人感覺實尙須有甚大之努力！吾人試觀以粵省之大，而性屬全省之圖無有焉，博物館更無有焉。（按現雖有設立，但經費支絀，內容貧乏，亦僅具有其名而已。）全省通志近年屢修而未成，地方叢書年來方始從事，其貧乏寥寂爲何若？雖善辯者，無以諱飾也，中央之資助，地方之担負，耗于破壞及建設者，蓋數十萬萬，而確于文化教育之進展有關係與實效者，殆不及十分之一也。應負其責，蓋爲誰歟？而所以補救之者，將何道歟？黨國諸碩彥于此或不無忽畧，文化教育爲凡百之基幹，舍本逐末，吾未見末之能勝也，今軍民長官，皆當代賢能，能見其大者，故緣此機會，附貢其臆。凡百君子，其亟圖之。邦家之光，閭里之榮，抗建之畧，殆皆繫於是焉」！

（卅五年三月一日民族文化）

四、廣東文化中心之今昔

杜定友

吾粵文風，肇自唐宋，盛於元明。白沙之學，卓然成家，其弟子甘泉，發揚光大，講學之風，瀰漫全省。其時書院林立，幾爲全國之冠。有明一代，創設書院，凡一百八十餘所，乃六倍於唐宋。（註一）按我省書院之制，創自韓文公謫潮時，曾建書舍，以課學子。而正式書院，則以北宋景德間，英德涵暉書院爲最早，南宋嘉定間之禺山書院番山書院相江書院豐湖書院爲最著。「廣東在宋代，學術中心地爲羅浮。明代學術中心地爲西樵。——當時西樵四大書院，名士如雲，人材蹌濟，各習師承，互倡其心性之旨」。（註二）而清代學術中心，則在廣州，光緒十八年廣東學政徐琪奏報：「文風自以廣州肇慶兩府爲最優」。（註三）非虛語也。

滿清入寇，中原板蕩。箝制輿論，興文字獄。自由講學之風，頓遭窒息。竟以書院爲結黨游談之地，下令一律改爲社學義學，課以章句制藝，所以羈縻士子之心。其內容體制，純爲官定，書院之制，名存實亡。乾嘉而後，其禁稍弛。其時書院內容類多疏陋。 馮魚山掌教粵秀時，歷述其弊，至爲詳盡。

道光六年，阮文達督粵，以其浙江詁經精舍規制，移置於廣州，設學海堂，提倡經史，崇尚實學，吾粵文風，爲之一變。同治時，菊坡精舍應元書院，相繼而興。其時我省文化中心，乃在粵秀山畔。至光緒十三年，張文襄之洞創廣雅書院，分經史理文四科，倡中學爲體，西學爲用之說。規模宏大，濟濟有衆，書院制度，更爲一變。文風鼎盛，超越前代。我粵文化中心，至是移在廣州西村。

院張二公督學，其政績如何，茲不遑論。而其對於學術之貢獻，文風之轉移，其功殊不可沒。至今爲後人景仰。因知治省政者，不可不重視文化之建設也。至光緒廿七年，諭各省書院，改爲學堂。廿八年頒行欽定學堂章程。至是，書院制度，不復存在。其流風遺緒，足供吾人憑覽者，僅有廣雅書局而已。

考唐代書院之興，原爲校書藏書之所。北宋之世，凡建書院，有司必表請賜書。清代書院，例有尊經閣藏書樓之設，良以印刷未盛，得書不易，士人參考閱讀，惟此是賴。吾粵書院，其規模體制，後來居上。廣雅書院藏書豐富，其藏書之所，曰冠冕樓。所藏高文典册爲大書樓，別有小書樓，專藏齋書，供專課生住院所用，人各一份。所謂齋書，即皆廣雅書局所刊板本。當時爲大量供應圖書起見，別於城南設廣雅書局，刊本印行，較之江蘇書局浙江書局，更爲優越。於吾省文化，貢獻良多。及後書院改爲學堂，藏書樓改爲圖，書局改爲印刷所。或分或合，其勢也歟？

廣雅書局創於光緒十三年，兩廣總督張之洞，巡撫吳大澂，奏請設立於南園故址，及其附近一帶。按南園在廣州城南，文明門聚賢坊。明洪武年間，趙御史介、孫典籍蕡、王給事中佐，李長史德，黃待制哲，結詩社於此，世稱南園五子，開嶺表風雅之始，其吟詠之地，曰抗風軒，（現爲軍人子弟學校）名聞全國。繼之者爲後五子（註四）。嘉靖間，巡按吳麟，建三忠祠（註五）於其右（現爲鹽務局借用）乾隆廿八年督糧道熊澤祖，詳准以後五子附祀，額曰南園前後五先生祠。光緒十四年，張之洞拓修抗風軒．改建十先生祠，額曰南園十獻。其地有陳澧聯曰：「君臣三大節，詞賦十先生」。為羊城文化古跡之一。

南園為吾粵文人萃薈之地，風雅節烈之士，多與此地結有淵源。明末陳子壯復修舊社，與黎美周輩常集於抗風軒，其唱和之盛，不亞於蘭亭雅集。故廣雅書局設置南園，亦淵源於此。有清一代，風流未墜。光緒十九年　國父孫中山先生上書李鴻章，痛陳國事，又與陸皓東程奎光鄭士良等，頻集抗風軒，籌商革命。（註六）故南園故址，非獨為廣東文化中心，抑且為革命策源地。

廣雅書局開創後，名重當時。復購濠北慈度庵各尼房，闢建東西南北前後校書堂六所，而以十峯軒為總滙。光緒三十三年，提學使于式枚增建藏版樓（現為省婦女委員會借用）儲藏廣雅版片，及學海堂菊坡精舍應元書院停辦後之版片，一併遷入，蔚為大觀。宣統二年提學使沈曾桐增建藏書樓（即現在之省立圖）將廣雅書院一部份之圖書，及廣雅書局全部圖書，公開閱覽。並附設夜學及師範傳習所，教育文化人士，常集於此。故清末我省文化中心在南園。

廣東圖成立後，園林清雅，迴廊曲折。六脈渠闢，築橋相通名荷花橋。茂林修竹，荷香撲鼻，誠為士子潛修福地，全省文獻中心。查當時各省官書局，均撥歸省圖，定為通例。觀外國圖，亦多附有印刷所者，並設有學術研究會演講會及電化教育設備等，與圖書配合，以推進文化學術。現代文明國家，各省無不有規模宏大之圖博物館，以保存全省文物，為學術文化中心。而對於文化遺跡之保存，尤不遺餘力。即晚清時代，觀乎抗風軒之修建，書局之擴充，尤不失保存文化之遺意。

惟鼎革以還，政局紛更。軍隊入駐，機關林立。園廈被遞遷，或停或復。圖書典籍復歸併於廣州市立中山圖。入駐之機關，各惟自身之利益是圖，置文化歷史於不顧。所有古跡牌匾，文物石刻，慘遭磨滅。至淪陷期間，竟霸為偽市政府，汚辱勝地，莫此為甚。至是則廣東文化中心，掃蕩無餘，緬懷陳跡，曷勝浩歎！

幸抗戰勝利，廓清妖氛。主席羅公卓英，重視文化，追念先賢。廣東省立圖奉准遷回原址，並撥款修建。危樓頹壁，得以重光。卅年來風雨飄搖之圖，乃得重歸故土。現藏書頗豐，閱者亦衆。惜原址五分之三為其他機關借用，久假不歸，至現有館舍，擁擠不堪。亟應一律收回，恢復舊觀。並集中全省學術團體，與圖書配合，成立各科研究室，蔚為學術研究中心。則全省文化學術，當不然改觀也。

圖為高級文化學術機關，地方史料之總滙。文人學子，賴以進修。社會智囊，賴以參考。昔之士大夫階級，為風氣所繫。今之智識份子，為社會中堅。若輩既離學校，苟無進修機會，則治事類於盲人瞎馬，為樂趨於聲色貨利，前途何堪設想？故欲轉移社會風氣，必先建立文化中心。俾文人學士，得以游息其間，浸淫於學問之府。其有益於世道人心，豈淺鮮哉。省立圖，地點適中，環境幽雅。原有建築，古色古香，畧加修葺，即可恢復舊觀。此地有園林之勝，圖書之庫。把卷吟哦，靜中自得。學以致用，貢諸社會。學術風氣，自然提高。我省人士，盍興乎來！

註一，劉伯驥：廣東書院制度沿革，民二八，商務，第二章

註二，同上第十三頁

註三，同上第九十二頁
註四，明後五子：梁有譽、歐大任、黎民表、吳旦、李時行
註五，明侍郎黃衷，三忠祠記：紀念故宋信國文公天祥、左丞相陸公秀夫、越國張公世傑
註六，總理年譜長編第八十一頁

（卅六、二、廿五、廣東建設研究）

五、廣東藏書記畧

徐信符

五嶺以南，位正離明，山禽水物、奇花異果、如離支木棉珊瑚玳瑁孔翠仙蝶之屬，莫不奇采煥發。民生其間者，亦恒有瑰偉雄奇之氣，磅礴鬱積，發而為文。昔王僧孺為廣州太守，首表章董正唐頌聲感三孝子，以為粵獻之宗。復表章陳欽之春秋詁，楊孚之南裔異物志贊，王範之交廣春秋，黃恭之十三州記，以為粵文之祖。表章文獻，誠知所先務矣。顧滄桑多變，簡斷編殘，一經兵燹，散佚無徵，有志之士，深以為憾。故保存之責，在乎典藏。上而在國，下而在民，苟不忍天喪斯文，即當有興滅繼絕之任。自晚唐五代，雕板術興，天水一朝，剞劂浸盛。吾國文化，日趨于發揚光大。雕刻之風行，而儲藏之事起。故自宋而後，正史藝文經籍諸志，於官家閣庫所藏，間有書目。即私家藏書，亦自撰目錄。今所傳晁公武郡齋讀書志，陳振孫直齋書錄解題，其卓卓者也。此外李淑邯鄲圖書志載晁志陳錄，荊南田鎬田氏書目載晁志。廣川藏書志，濡需秦氏書目 莆田李氏藏六堂書目，漳浦吳檟吳氏書目，莆田鄭寅鄭氏書目，並載陳錄。諸家所藏，多者三萬卷，少者一二萬卷。私人藏庋，實足以補官家之缺，誠盛德事也。但閩粵向屬海邦，漳浦莆田，皆為閩轄。閩之藏家，在宋已多有著錄，而粵則寥寥罕聞，其果文獻無徵與？抑史闕有間與？斯不得不引以為憾矣！

吾粵文化，莫盛於明，藏書亦以明為盛。郭夢菊棐謂我粵士人釋褐，讀中秘書者，昔罕其儔。爾雅浩瀚若邱仲深濬，藻澤璀璨若黃才伯佐，咸蔚為宗工。按明代藏書，當以邱黃二公為最著。邱文莊崛起瓊州，讀書中秘，記誦淵博，冠絕一時。唐張九齡曲江集，宋余靖武溪集，成化中皆由文莊自文淵閣錄出，以張余一鉅著，不至銷光匿采，皆文莊之力，其續偉矣。文莊自著大學衍義補，續學修辭，直宗朱子。其進呈時，憲廟謂有功于大學，勅公建樓藏之。而公復于瓊山縣學藏書，名曰石室，以餉士人。是言藏書者當推邱文莊。黃文裕公佐以奇雋知名，及官翰林，明習掌故，博綜今古，生平著述至二百餘卷，言禮則有泰泉鄉禮，言樂則有樂典，言義理則有庸言，言文章則有六藝流別，言詩則有唐音類選明音類選，言掌故則有革除遺事，南雍志翰林記廣州人物傳。而廣東通志，史例詳贍，尤負盛名。在明人之中，學記最有根柢。泰泉全集，文章衡華佩實，足以雄視一時。然其學問淵博，實關於藏書。泰泉有寶書樓，廣州府志謂在舊藩司左，侍郎黃衷曾爲之記。

按舊藩司左，即前雙門底，今漢民路，其遺址爲黃文裕公祠。戊寅廣州失陷，始成焦土。嘗言粵藏書，寶書樓其彪炳一時矣。邱黃二公而外，有梁鬱洲陳琴軒張西園亦富藏書。會城有奎翰樓，在梁文康公祠內（祠之遺址即原日府學東街）儲歷事四朝，所賜璽書數百函，其子孫構樓以藏之。東莞陳琴軒璉以博雅聞，致仕後，闢萬卷堂，書多秘館所無，四方學者至必館榖之，一時傳爲佳話。博羅張孟奇萱，著作繁富，西園全集，卓卓有名。自平越守鐫職歸，處林下四十年，手不釋卷。嘗謂寒可無衣，飢可無食，病可無藥，不可一日無書，爲園榕溪之西，極水竹池臺之勝。自號園公，人因稱爲西園公。其園中名額甚繁，有論世齋，彙史樓，函雅樓，籀經堂，辨古齋，皆其藏書地也。其分門別類，知庋藏各有專室，惜乎藏目不可見耳。至明之末造，梁末央朝鍾，屈翁山大均，兩先生家富儲藏。梁未央喻園集，有吼閣藏書自序，述其由先代以來，所寘經史子集架上位列如鼎簋器，經亂或喪於賊，或棄水中，雖有善本，如房注管子文選蘇氏三劉等書，皆宋元間板，然多不能全部，因感其事造一書目，李龜年說天寶遺事，感慨係之。則吼閣藏書，當時殆亦卓然有名。屈翁山雖非以藏書著，然沙亭有二閭書院，爲鄉學藏書之地。翁山所著四書彙考，即在此出版。翁山著述繁博，所著有翁山易外，翁山文外，翁山詩外，廣東新語，有明四朝成仁錄，凡五種，號曰屈沱五書。此外道援堂集軍中集等，猶不在內。翁山欲輯廣東文集，書雖未成，其序例猶可概見。已成者有廣東文選，以海滋嶽負之才，對於鄉邦文獻，搜羅宏富，則當時收藏可見一斑。翁山有四百三十二峯草堂藏書見其文外自序。惜乎後因文網繁密，嚴令焚燬，因所著而連及所藏，鄉祠遺籍，亦悉蕩然矣。

清中初粵中藏書，遠不及明代之盛。蓋由清以外族入主中土，文字獄屢起，於學術取抑制態度，對於地方書院，且禁止剏設，如順治九年上諭，勅各省提學督率教官，務令諸生將平日所習經書義理講求，不必別創書院，群聚結黨。及乾隆開四庫館，詔修四庫全書，本爲盛德之事，然一方面勅各省將藏書進呈，一方面頒佈焚毀抽毀書目，緹騎偵察，雷厲風行，故藏書者有所怵惕，凡屬禁書，多付全毀。其或私藏而不忍燬者，必于書中將其著作姓名挖去，而詩總集有須抽毀者，則其卷數頁數，缺而不全，此可知當時藏書之苦。故吾粵乾嘉以前，鮮以私人藏書著名。嘉道而後，文網疏濶，藏書者乃次第興起。今即清代公私藏書分別言之：清代郡縣學宮，後座例有尊經閣，本爲藏書之地，然實不副名，閴然無有。至書院爲課士之地，本有官書，其所藏書，必以勅定御纂者爲主。故粵秀書院有御書樓，端溪書院有書庫，其所藏者皆歸一律。考乾隆元年三月七月，禮部核准，各省會城設有書院，一省人才聚集之地，宜多貯書籍，令各督撫動用存公銀兩，購買十三經二十一史，發交教官接管收貯，令士子熟習講貫。又乾隆九年議覆各省學宮，陸續頒到：欽定易書詩春秋傳說彙纂，及性理精義通鑑綱目御纂三禮諸書，各書院院長自可恭讀講解，至三通等書未經備辦者，飭督撫行令司道各員，於公用內酌量置辦，以資諸生誦讀。考乾隆兩詔，可知書院藏書之標準。今觀梁廷枏所修粵秀書院志，傅維森所修端溪書院志，其所列藏書俱屬十三經注疏御纂七經廿四史等，種類極爲單簡，而考之實事，則單簡之書，亦非供人閱覽。梁廷枏越華紀略言，院中存貯書籍凡二十七部，奉頒書籍，例歸監院交代結報，舊多霉蛀散佚，每屆接代，由前監院令院吏列單點交，故節次皆以照單點存無失字樣報案，蓋數經遷徙，往往封置一處，故殘缺愈甚。予自監理以迄于卸事，從未見諸生檢閱者，大率相傳以久經全失，不復知涯畧之仍存矣。觀梁章冉所親歷者以言，可知由康乾以迄嘉道，書院所藏官書，率名奉行故事，書目絕無可觀。自道光以後，阮元總督兩粵，仿浙江詁經精舍，于粵設學海堂，專以古學課士，當堂中搜羅四部，訂藏書刻書章程，藏書雖無總目刊行，然如刊刻皇清經解一百三十八種，今日欲求其原著，藏家亦難得其全，抑可知其搜羅之富矣。光緒十年，梁節庵鼎芬爲惠州豐湖書院院長，提倡捐書，創設豐湖書藏。其捐書啓事，謂宋元明刻乎鈔家刻坊刻局刻各種均可捐入，復注意搜羅歷朝及現代人文集，故觀豐湖書藏書目，雖無宋元舊槧，然名人集部，孤本不少，各省府縣志搜集尤多，此非各書院藏書所可及矣。光緒十五年張之洞總督兩廣，于廣州城西創立廣雅書院課士，院中設冠冕樓藏書，規模宏壯，分東西兩樓，度藏通行本必具兩部，一東一西。難得之本，僅備一部。院長廖澤群編有廣雅書院藏書目，官家藏書，以此最爲豐富。及清末書院廢，學校興，廣雅書院，改爲高等學堂，十餘年藏書無恙，洎民國二年而後，高等學堂復改爲省立第一中學，校長彭金銘，毀拆冠冕樓，此後藏書一阨於水患，再阨於盜竊，識者傷之。後經廣西請求分書，于是以一部移梧州西江圖，一部移廣東省立圖，一部仍留一中學校圖。其後移西江者又送還廣東高等師範學校。廣雅藏書，乃瓜分豆剖，不可復問矣。廣東省立圖，原爲廣雅書局遺址，內分藏書樓藏板樓二部，成立于宣統二年，提學使沈曾桐所建設。成立之始，曾收購孔氏嶽雪樓所鈔浙江文瀾閣書三百餘種，民國後復會移撥原日廣雅冠冕樓藏書一部份，復由省公署民政廳教育廳撥送廣東各府州縣志全份。余董理圖事，將及廿年。搜集各省新舊通志，業已完備。又購置關於廣東文獻者不在少數。得梁公節庵後嗣捐入葵霜閣藏書，凡六百餘櫥。又由法官學校移置光孝寺舊藏北藏龍經全份，經館員何章綸編有廣東省立圖書目十册。其所藏雖不得與江浙省立圖爭衡，然部類繁博，已洋洋大觀。惟近年市立中山圖成立，傑構棠皇，乃將廣東圖書合併，而南天兵禍忽起，典守者不能預爲移徙，廣州淪陷，館舍蕩然。從此官家圖書，靡有孑遺，此最可爲痛心者矣！

嘉慶道光而後，粵中藏書家聯翩而起，吳荷屋榮光最富收藏，精鑑別，筠清館中，書畫碑帖，儲書光物。辛丑消夏錄，仿孫退谷庚子消夏錄而作，於宋元古畫，評別具有特長，碑帖考據尤精，著有帖鏡，惜未刊行。筠清館金石文字記，可與積古齋款識並傳。藏書之名，雖爲藏畫藏帖所掩，然遺書流布，有筠清金石圖書印記者，率爲精絕。史記漢書，陳后山集，均有宋槧佳本。宋槧蘇詩，陳棠溪循陔集，詠蘇文忠西樓帖書後，所謂忝詩更有宋槧本，蘇齋藏弆歸筠清，更爲有名。但無藏書目錄，斯爲可惜。南海曾勉士釗，爲學海堂學長數十年，富藏書，撰有古輸廖山館藏書目錄。其藏書之地曰面城樓，所藏不少宋元舊槧，暨鈔本孤本，而以雜史地志爲珍貴。經曾氏校訂者多有題跋，或鈐一善本二字印章。身沒而後，多藏龍山溫氏，溫氏夙多聞人，謙山編有粵東文海詩海，有功鄉邦文獻，其族人樹棨富藏書，有漱綠樓。藏書目（藏書所印亦有漱綠樓章）四部悉備，而以曾勉士遺物爲佳，近年多已散出矣。吳石華蘭修守經堂藏書，與面城樓相等，而精本遜之。洪楊軍興，東南淪陷，豐順丁禹生日昌，撫吳藩吳，大亂之後，凡江浙藏書故家，其珍本秘本，多入持靜齋中。丁氏藏書初有百蘭館書目，後刻有持靜齋書目，莫郘亭爲之考訂甚詳。元和江標亦有持靜齋書目紀要，刊入靈鶼閣叢書中。百宋千元，丁氏可當之無愧。數嶺南藏家，明清以來，斯爲巨擘，潘盧伍葉，道咸間稱爲巨富。葉雲谷風滿樓亦有藏書，並有叢帖刊印，惟不若伍潘爲盛。南海之伍，張香濤舉與金山之錢等相比。伍紫垣崇曜以洋商起家，輕財好客，搜藏古書，有遠愛樓書目，世鮮流傳。當日藏書，延譚玉生瑩爲之評別。玉生博考粵中文獻，凡粵人著述，代爲蒐羅，擇其罕見者刻之，曰嶺南遺書，五十九種三百四十三卷。曰粵十三家集，一百八十二卷，選刻近人詩。曰楚庭耆舊遺詩，七十四卷。又博採海內書籍罕見者彙刻之，曰粵雅堂叢書一百八十種，共千餘卷。凡伍氏校刻書二千四百餘卷，跋尾二百餘篇，則玉生所爲也。玉生撰粵雅堂記，謂紫垣之功，黃才伯張閬公且遜之。紫垣之學，羅學鵬溫汝能轉愧之。蓋嘉其表章遺逸，非弟搜藏之富而已也。番禺潘德畬仕誠，以鹽莢起家，名與伍氏埒。荔子灣中，築海山仙館，有水木清華之勝，好儲藏異書。所刻海山仙館叢書，皆當時所藏珍本也。別有海山仙館叢帖，亦多宋明眞迹。其族人潘正煒有聽颿樓書畫記，則所藏古畫之題跋也。復有看篆樓印譜，則潘有爲毅堂所藏之印，而以鄧魯公名印最爲有名。是可見潘氏所藏之一班。迨潘氏中落，亭院悉沒于官，遺籍亦多播散，而其族人南墅潘園，尚有保存一小部者，則潘光瀛及其子梧桐庭院所藏云。鶴山易氏亦以商業聞于時，居城西十二甫，堂宇宏敞，目耕堂藏書，其裝訂必合數冊爲一冊，諺有易大堆之名。其有是樓書目，爲新會阮寬然所編，雖無宋元精槧，部類尚稱豐富焉。

亦有名儒學者，硯耕所入，悉以蓄書。順德梁子春梅，以布衣孝事母而好藏書，有春堂藏書圖，譚瑩有文爲之書後，馮龍官爲之記及後記，謂其行齊州笈，頻頻典衣損食以斯充牣，而史乘全帙，名儒遺文，購求尤力。故粵雅堂刊粵十三家集，蓮鬚閣集即出于春堂所藏也。馮龍官亦順德人，名其廬曰綠槐草堂，好藏異書，精于史志金石。嘉慶修廣東通志，開局時，劉樸石彬華屢貽書徵聘，龍官答書，于史例嫻熟，文亦淵雅。其所藏書，有綠槐草堂印，時有評跋。梁廷枏爲龍官弟子，藤花亭不少名著刊刻，其學蓋有淵源也。張南山維屏，黃香石培芳，著作衆多，亦有藏書。聽松廬藏本，多有評校。今可見者有蘇東坡集及唐宋詩醇，其書不求佳本，惟自首至尾，批評到底不懈。嶺海樓爲黃氏寶書樓故址，香石爲文裕十七代孫，嶺海樓書目，今猶有存。所藏必蓋有精美印章，或泰泉故里，或泰泉後人，或香石培芳粵嶽子等。嶺海樓所藏，今亦風流雲散矣。咸同以來，樸學敦品，爲海內引重者莫如東塾陳先生澧。東塾爲學海堂學長數十年，至老爲菊坡精舍山長。其著述繁富，凡經史子集天文地理樂律算術，無不研究。其所藏書，四部悉備，無不有批評點校。其復王峻之書，所謂心有所得，記于書上。心有所疑，亦記于書上，可于其遺書見之。其閱書何日起，何日訖，所曾評語，或硃或墨，悉莊重不苟。其版本佳者，所蓋印章，或東塾書樓，或番禺陳氏東塾藏書印，或陳澧，或陳蘭甫所讀書，款識不一。東塾藏書目無刊本，鈔本尚有傳。東塾遺書，多已播散，其稿本及評校本，余南州書樓保藏最多。廣州城南木排頭東塾故居傳鑑堂，經已焚毀矣。東塾門下，陶春海夫子福祥有愛廬藏書，特多精槧　林颺伯國賡有鶴餘盦藏書，富於史部。黃芑香紹昌有秋琴館藏書目，文集種類為多，黃氏佳本，印章特精，有香山黃氏鑒藏，屺鄉所藏，足吾所好，玩而樂焉等印。今林黃所藏，均已散佚。惟愛廬尚保存不替焉。

光緒年間，廣州藏書，藉藉有聲，莫如城南之孔，城北之方。番禺孔廣陶以鹽業致富，城南太平沙巨廈，其樓字崇閎，名嶽雪樓，亦曰三十三萬卷樓。所藏不少宋元舊槧，及明代嘉靖以前佳本，尤以清殿本為備。最銜者殿本圖書集成，用鉅資由宮監秘密輦運而出，為一時佳話。至名人校本鈔本，亦不少名著。所刊北堂書鈔，乃合孫星衍王引之王石華錢餼勤嚴可均諸家校勘，由周季貺所藏原本影錄而來，精細詳密，最稱佳本。其影錄底本藏余南州書樓中。至刊行×雪樓書畫錄，於宋元畫冊，紀載精詳。。書尚未列入，余南州書樓藏有鈔本嶽雪樓書目焉。巴陵方柳橋功惠以通判旅仕廣東，官至道員。寓城北獅子橋聚龍里，池館亭臺，饒有雅趣，居中者曰碧琳瑯館，即藏書之地也。方氏所藏宋元舊槧或遜孔氏，惟鈔本孤本較孔氏為多。方氏所刊碧琳瑯館叢書，皆海內罕見孤本也。黃岡王氏刊嚴可均全上古三代秦 六朝文，其稿本亦出于方氏。碧琳瑯 藏書，光緒晚年，方氏後人 運至京，不幸遇 子 之，中途書多散失。其後亂平，北京大學開辦，方氏遺籍存者，乃歸大學圖。粵省官僚，精研國籍，昔年與方柳橋並稱，尚有華陽王雪澄秉恩。王氏曾充任廣雅書局提調，多見異書，其收藏亦多秘。辛亥國變後，居滬上，儲大藏有可觀，後亦星散。徐松之宋會要稿本，即王氏所~原爲廣雅書局當年擬與明會要並刊者焉。

廣州轄縣，富收藏者算如順德。龍山溫氏而外，大良龍氏六篆樓不少精槧。龍鳳鑣知服齋，龍裕光蜾樹山房，觀其所刻叢書，即足知其所藏。余於龍氏所藏，得孫淵谷手稿元明兩朝典故編年考此爲世間未見之本，亦異書也。李文誠公文田，最精鑒別。太華樓原以藏宋拓華山碑而著名，然其所藏，多屬人間未見之書。宋元槧固無論矣，明代野史，皆屬抄本，多至數百種。即名賢文集亦皆秘本，多藏書家書目所未載。其關於西北地理，考核特精。今已刊行者，皆由文誠批于書眉中錄出，文誠精于目錄，官京師時，有四庫簡明目錄一部，其簡端分錄孫星衍廉石居所記，邵懿辰所標注，繆荃孫所校訂諸語，而自加考訂，頗爲詳備，原著今猶可見。文誠于目錄版本，素爲精審，故藏書與普通收藏不同。今廣州失陷，太華樓中所藏，未知損失何如矣？辛訪蘇芋花盦在大良，所藏圖籍書畫亦富，晚年已多散出。其宋元槧先按于胡毅生隋齋，身歿後一部流入莫氏五十萬卷樓，一部流入余南州書樓。鄧秋枚實亦順德人，與黃晦聞偕居滬上，提倡捐書，公開展覽。風雨樓所藏，以焚燬禁書爲多。其書目及題跋，多載于國粹學報中。風雨樓叢書所刊，多屬禁書孤本，于民國成立，不爲無功焉。番禺一縣，以藏書聞者，陳氏東塾書樓陶氏愛廬林氏鞠錄盦，己見上述。此外石星巢梁節庵徐固卿亦富收藏，石星巢德芬，以名孝廉在廣府學宮設塾，其石室藏書，公開展覽，故門下多崇實學，梁任公之學問，亦由此淵源。梁節庵最嗜書，掌教端溪，創立書庫。掌教豐湖，創設書藏，掌教廣雅，建設冠冕樓。游鎭江居焦山海西庵，又捐書焦山書藏。所至之地，均提倡藏書。宣統間復于摔粉街梁氏府第設梁祠圖，訂閱覽規則。梁氏葵霜閣藏書，雖無宋元精槧，而叢書特多，湖北省縣志俱備，近代詩文集亦豐富。身沒後，其子學鋆將藏書捐入廣東省立圖，已備載省圖藏書目錄中。余族兄冏卿紹楨，承其先德子遠公通介堂藏書，所藏經籍本富。簉仕後，經歷兩江浙閩，廣爲收書，故學壽堂藏書，珍本特多，宣統初，居南京鍾山，于後湖湖神廟之左，闢地五十餘畝建藏書樓，所藏不下二十餘萬冊。自辛亥革命，江南寓宅，爲張勳焚毀，圖籍蕩然。民國以後，復爲積聚，有學壽堂題跋。于版本，研究至深。晚歲環境困廹，歷經變患，珍本無存矣。

光緒戊戌維新，以康梁爲首倡。南海康長素祖詒，後名有爲，初講學長興學舍（在長興里），後遷廣府學宮，名萬木草堂康館。今萬木草堂書目，其命名即原于此。康館所藏，多屬普通之書。戊戌變政失敗，曾奉詔令，飭南海縣抄沒其家，，其書移貯廣雅書院藏書目，篇外另附一卷。所云奉督憲發下寄存書目，即原日康館所藏也。洎民國成立，康氏回國，優遊林下，復銳志蓄書，廣收宋元舊槧，佛典精本，及孔氏嶽雪樓所藏殿本圖書集成，悉入其中，即今所見萬木草堂書目是也。身沒而後，遺書歸廣西大學圖所藏尚稱得所。梁卓如啓超，自戊戌政變，匿居東瀛。民國後，回國顯仕，搜求舊書。飲冰室藏書，亦甚豐富。沒後遺書寄存北平圖，由館編有飲冰室藏書目錄。嘉應黃公度遵憲，與康梁爲摯友，人境廬詩最有名于時。有人境廬藏書目，惟無珍貴秘本，聊以備宗族鄉里閱覽而已。

民國以來，世變劇烈。庸夫俗子，每視古籍如土苴。然抱殘守缺，匪曰無人。增城賴煥文際熙，于易祚後設教港中，任香港大學教師，聯合紳商，創設學海書樓，欲繼山堂之遺緒，搜集圖書，有學海樓藏書目，部類尙富，於廣大商塲，持籌握算之中爲枕經葄史之事，殊爲難得。港紳　馮平山獨力捐資，創立平山圖，供應港大藏書，其富于公德心尤可欽佩。南海潘明訓僑居滬上，喜蓄書，最嗜宋刻，有寶禮堂宋本書錄，張菊生序之，謂其衔爲宋耆本，重値勿吝，但非宋刻，則不屑措意。十餘年來，旁搜博釆，駸駸與北楊南瞿相頡頏。以吾粵藏書多宋槧者，明淸以來，惟有持靜齋，繼起者當推寶禮堂。東莞莫天一由儒入商，五十萬卷樓，藏書充牣。搜採徧幽燕江浙，凡珍秘抄校本銳意采入，新印有五十萬卷樓藏書目初編。近年粵人藏書，此稱翹楚。廣州失陷，聞已多遭刦奪。東莞倫哲如，精目錄學，居北平數十年，多獲異書。嘗欲續四庫全書目錄，因名所藏爲續書樓。又續葉氏藏書紀事詩，爲辛亥以來藏書紀事詩，於南北藏書家收藏事蹟，極爲明悉。今日粵中明悉藏掌故者，當推倫氏。續書樓書目，以集部爲豐富，其餘各部悉備，秘本極多，此亦粵中所不可得也。顒園老人陳協之長于文學，近廿年來就性所近者，專搜藏集部，顒園藏書，所蓄淸代詩文集在二千部以上，亦云富矣。惜廣州失陷，已刦奪一空。余素喜蓄書，自任大學暨高等專門學校敎授，歷三十餘年。館穀所入，多爲插架所儲。一介寒儒，不敢以佞宋秘宋爲職志。平居慕　譚玉生黃石溪兩先生，保存鄉邦文獻，故南州書樓藏書。以粵東先哲所著述或評校，及關于粵東事實者爲類。粵省府州縣地志，各省新舊通志，大致完備。次之則古今名人集部及叢書爲多。書囊無底，慊然不能自足。及廣州淪陷，事前雖將一部移置安全；然大部全亡莫卜，俟異日方能判決，天也非人所能爲也。余草此文，僅就思憶所及，鄉先哲中，不乏藏家，如羅大淵許屏臺黎召民黃石溪輩，均富收藏，然語焉不詳，暫爲從闕，異日淵當補製。

定友曰：私人藏書，不出三代，其天命也歟？縱觀吾粵藏家，風流雲散，曷勝浩嘆！幸南州書樓，桼半猶存，惜信符先生遽歸道山，其能永保勿替，亦至堪慮。廣東省立圖，原可集吾省文獻之大成，乃當局不知重視，棄散靡常。余治書數十年，惟絕不私藏。偶有所獲，無不公諸同好，以垂久遠。惜館中人力物力，拮据萬分。新著無法添置，舊藏飽供蠹魚。甚矣，藏書之難也。

六、廣東省立圕沿革

徐信符

南園　三忠祠　廣雅書局

廣東省立圕，自民國元年，廣東都督胡漢民，規定以廣雅書局，南園遺址及三忠祠全部為館址。其根據則以清光緒末年學務公所有地為標準。蓋學務公所，為清末籌辦學校，當時提學司未成立，設學務處。兩廣總督岑春煊，委張鳴岐為總辦。指定廣雅書局暨南園為辦理教育總匯，以公所為名，實半官署性質。而廣雅南園及三忠祠，則各有歷史，其由分而合，由合而分，時有不同。茲紀錄於後：

南園及三忠祠之歷史

南園在文明門粟賢坊，創立於明洪武間，有趙御史介．孫典籍蕡　王給事中佐　李長史德　黃待制哲，結詩社於此，是為南園五先生。三忠祠初在岡州（即今新會）李晝吳麟按部謁祠，以為岡州僻在海壖，不足以妥炳靈，因請於大吏，得擇府城之南建祠，明侍郎黃衷有三忠祠記，言之頗詳。黃衷翻中小注云：三忠祠在羊城南園五先生祠旁。王漁洋遊覽小志云：南園五先生祠在大忠祠東。崇禎戊寅，巡撫御史葛徵奇葺三忠祠，并鐫五先生詩于版。大約是時二祠分立。葛徵奇捐俸以修。既成榜其堂曰遠風，蓋欲表章風節以勵世，並提倡風雅，故又舉五先生詩重付剞劂，其致忠激俗蓋有兼貫焉。南園之地，水木清華，前五子後，繼之者如梁有譽歐大任黎民表吳旦李時行，繼響節節，世稱為後五子。康熙十年，番禺知縣彭鵬重建三忠祠，額曰正氣堂，右曰臣節堂，左曰遠風堂。臣節堂遺址，今猶存在，在抗風軒之右，可知三祠業已相合。康熙二十年　番禺知縣李文浩，卽大忠祠東偏，復建抗風軒，列前五先生而祀之。自前後五先生後，明末陳崇伯子壯既結社訶林，復修南園舊社，與黎美周輩十二人，常集抗風軒唱和（十二人由檀萃楚庭稗珠考得九人卽會道唯高賚明黎邦瑊謝長文區懷年蘇興裔梁佑逵陳子壯黎美周共九人考屈翁山書湖詩序尚有黃逢永陳子升合之共十一人其一人姓名失傳）弘光時，江南鄭超宗影園賞牡丹盛開，延集名流歌詠，請錢牧齋評定。黎美周得首選，有牡丹狀元之稱。是時陳子壯輩亦在南園遙和，故南園花信詩，今猶附刻於南園前後五先生集焉。

廣雅書局之歷史

廣雅書局　創設於光緒十三年，兩廣總督張之洞，巡撫吳大澂，疑明建立。將舊機器局基址，及拆三忠祠西偏臣節堂並價買濠北蔡應龐各民房，闢爲東西南北前後校書堂六所，而以十峯軒爲總會之地。維時刊刻群籍，延聘文學通儒，詳審校勘。海內負有盛名。

省圖之設立

宣統二年，提學使沈曾桐設立廣東圖，就廣雅書局全部，復于後校書堂之後，沿濠一帶，購買民房，建築崇樓，則今日尚存之藏書樓也。是時學務處初改爲提學司，學署各科仍在廣雅書局辦公。南園三忠祠各地均爲學署所統。光緒卅三年，于提學設立夜學，四區師範傳習所。其南區卽在三忠祠，此亦一時文獻所關也。洎辛亥九月，民國成立，都督府兼理民政，各部均遷入同署辦公。民國元年六月，省圖成立。名廣雅書局圖，李茂之爲館長。廣雅書局及南園三忠祠全部，奉都督府令均入範圍，規模宏偉，洋洋乎稱大觀矣。當時曾派南海九江關氏赴美洲爲圖捐款，華僑踴躍認捐。假使政變不生，圖當發揚光大。不幸民國二年，二次革命失敗，督軍龍濟光入粵，文化摧殘，圖爲駐軍之所，圖籍多遭蹂躪。其後軍事告終，任何乃猷爲館長，然樓宇毀壞，景象蕭條。粵海道初設，苦無公署，道尹蔣繼伊請撥爲公署。其呈文謂閱書人少，高樓深鎖，往往日無一人，自無專設館長之必要。但該局爲文襄創造，煞費苦心，池館依然，遺澤具在。道尹本有振興文教之責，請將該館改歸道署管轄，由道尹派員經理，奉巡按使李國筠批准。於民國三年九月，廣雅書局遂爲粵海道尹公署，書局公物，悉爲粵海道所有，亦歸管轄。時任館長者，爲丹徒茅謙，僅餘書樓一座，藏書辦公皆萃於此。館長員役，亦聚於此，圖僅成告朔餼羊而已。是時廣雅書局及南園三忠祠，均爲粵海道尹公署，民國四年廣東修志局開辦，由士紳公呈請將三忠祠原日南園故址，劃出爲修志局辦公地，南園乃與廣雅劃分。民國五年，護國軍興，龍濟光被逐，朱慶瀾爲廣東省長，百廢具興，創立保存古物所。委江陰陳瀏爲所長，新會伍銓萃副之。三月之間，撥購置費三萬餘元。由粵海道尹署中，收回原日廣雅之十峯軒，以爲陳列古物之用。但康瓠周鼎，錯雜紛陳。其可紀者，僅有南漢芳華園大有二年之鐵花盆二件，六朝石佛像二件，與荷屋舊藏石經幢一件，此爲可紀念之物品。而圖名義消滅，原日藏書，蛛絲塵積，僅爲古物所封存而已。

圖館之恢復及廣雅印行所之設立

民國六年，省長李耀漢以古物所用款過鉅，勢難持久，令行停辦。文內有民脂民膏，何堪消耗語。於是六年七月，恢復定名廣東省立圖。聘馮愿徐紹棨許文瀚陳宗瑛爲董事，加委省長公署教育科長朱念慈爲監理。自董事制行，共同負責，整理藏書之外，遂漸清理廣雅書局學海堂所刊板片。徐紹棨擬定印書辦法，參酌清代廣雅書局售書章程，及浙江書局印行所辦法，呈請附設專所。民國七年經省長批准，遂在館附設廣雅版片印行所，由董事徐紹棨專任其事。是時與粵海道尹朱爲潮幾經商榷，得收回原以售局之前校書堂後校書堂臣範室等，以爲印行所之發行及印刷地址，可謂能收復故地。此後業務發展，徐紹棨將廣雅版格式一律者，彙編成廣雅叢書凡一千冊。其他學海堂菊坡精舍等版，均整理完好。並收歸新會陳氏葄古堂所刊之廿四史版，歸入公藏。而廣雅之史學叢書，尤爲膾炙人口。胡適在北京大學演講，力爲宣揚：謂學海堂之經解，廣雅書局之史學叢書，爲廣東兩大不朽名著，是時均得流布，居然紙貴洛陽矣。民國八年，省長楊永泰又有擴張圖之議，其現定大綱，謂廣雅書局內機關叢雜，擬令粵海道尹公署，廣東課吏館籌賑處等，一律遷出，將書局全部，均爲圖地。于局內擇地設阮文達張文襄二公合祠，並附建園亭池館，專爲士夫講學之地，館長董事由政府優禮敦聘，一面籌撥關餘鉅款，以爲改組設備。將來欲聘太史吳道鎔任館長，風聲所播，粵中士紳，咸有興趣。茂名林樸山惠陽許鶴儔發起，得梁公節庵暨嗣初同意，捐出梁祠葵霜閣書凡六百餘櫥，以爲館中藏書。董事徐紹棨曾偕館員何熙繼編有省圖藏書目。于梁氏所捐者，分別注明。乃規畫方有條理，而政變突起，事又中止。民國九年，粵軍回粵，陳炯明任省長，委謝英伯爲館長，而董事制仍舊。維時粵海道裁撤，道尹公署改爲全省公路處，兩廣鹽運司相繼遷入。（近來鹽政局竟將門首石刻廣雅書局四字磨滅，現已嵌入兩廣鹽運使署牌額，可謂摧殘古蹟）廣州市禺路開闢，文德路初成。館長謝英伯呈請省府收購文德三巷民房，將闢正門移向文德路中，從此交通暢達，到館閱書者益形便利。而官署辦公，亦多以此地爲適中。民國十年，省政府成立全省教育委員會（由教育科改組）復遷入館內十峰軒，並將後校書堂之樓房亦爲劃入，此後教育廳成立，即以圖爲公署，實由此導原。

新圖之計劃

十年冬教育委員會委員長陳伯華，欲組織大規模之圖，呈奉省長核准，裁撤前館長及董事，另聘該會委員杜定友兼充館長。館中改組後，已將舊日四部編目，改用十分法編目，依照新圖書管理法進行，復籌備廣東圖書博物館，由汪精衛任會長，杜定友任副會長，派員赴美洲勸捐，爾時華僑捐輸踴躍，其由廣東銀行滙粵者，已有數萬元，款由省長公署保管，廣東全省教育委員會案有存案。不幸十一年六月之變，陳炯明犯上作亂，孫總理蒙塵，事變紛紜。而省公署保管之華僑滙款，竟歸無着。十二年政局安定，三月省長徐紹楨令委許[illegible]充任館長。同年九月廣州士紳盧乃潼等，以廣雅版片重要，圖變更無常，地址多爲別官署辦公，呈請省長擇地復設廣雅印行所，于圖外自爲獨立，奉省長廖仲凱批准，委徐紹棨潘應朱念慈廖景曾爲董事。因廣雅印行所故址，已爲教育廳辦公，別擇西湖街惠濟倉爲印刷工場，此印行所與分設之情形也。至十四年十月教育廳令，復將圖改組，設委員會，聘許[illegible]爲常務委員，徐紹棨朱僉慈袁晴暉陳延炘爲委員。十四年十二月許崇任樂昌縣長辭館職，教育廳改聘唐熙年。十六年唐熙年辭職，改聘廖景曾，均是委員制。

省圖之遷移

十六年六月省政府收回花塔街英領事府惠愛路法領事府，即以法領事府（漢民公園）爲省立圖，英領事府爲省教育廳公署，同時均由廣雅書局遷移。廣雅書局乃爲中山大學之兩廣地質調査所遷入。圖遷漢民公園中，復將法領事府所留之九曜石，建亭以作古物紀念。此地樹林陰翳，風景清幽，各種文物，方在計劃建設中，十八年西南政委會，令以舊法領事府爲外交特派員公署，圖又復遷回文德路原日館址矣。

市圖之設立與省圖之合併

十九年廣州市長林雲陔籌設市立圖，規模弘大。派伍智梅黃謙益出洋勸捐，成績卓著。捐獲美金三十餘萬元，在文德路廣府學宮，建築新式圖。經歷三年，工程完畢。定名市立中山圖。但市館有館無書，省館有書無館。當市圖籌備委員會開會時，乃由省教育廳主任秘書黃希聲提議，將省圖合併于市。教育廳長謝瀛洲韙其議，于是省圖結束遷移，其原有地址，乃爲廣雅印行所改組，定名省立編印局。先後委徐紹棨廖景曾雷鴻紱譚槐劉群彬等爲常務委員，而以教廳主任秘書黃希聲爲委員會主席，此民廿二年事也。

民廿二年而後，廣東無省立之圖。編印局僅保管廣雅學海堂版片，貯藏于原日之藏板樓。廿六年盧溝橋戰禍發生後，日寇空襲，廣州市全在恐怖中，編印局委員會乃將廣雅版片移藏于南海西樵良賓鄉。由委員廖景曾經理其事。迨廿七年廣州失陷，全城文化，俱入獸蹄鳥跡中矣。

省立圖之復員

省立圖爲全省文獻所聚，與市立圖內容工作，兩不相同。前人昧於斯義，貿然併辦，殊屬不合。民廿九年省政府主席李漢魂特聘杜定友爲館長，復館於曲江上窰，在抗戰時期，艱苦締造，硝烟彈雨中，人民閱覽頗形踴躍，蓬蓬勃勃，賦于精神食糧放一異彩，數年以來積存四萬餘冊，惜經兩度疏散連縣，中途爲敵機轟炸，損失殆半。迨卅四年秋日本乞降，我國戰事全局勝利，乃由曲江于九月遷回廣州。

省圖之現狀

在淪陷時期，廣雅書局圖遺址，已改爲僞市政府公署，市轄僞財政局社會局等亦均在此，而僞省立圖則在米市街南海學宮，其藏書不多，僞館長江紹棠編印有藏書目錄，大抵多屬小說，及鉛印小冊子，無珍貴之古籍也。及光復後，該僞省圖即由館長杜定友奉令接收，所得書共七萬餘冊，但館址已爲市黨部所佔据，館務無法開展。且杜館長以文德路廣雅書址爲該館發祥地，實爲本省文化中心（見廣東文化中心之今昔一文）復員初，爲保安司令部所據，杜館長幾經交涉，歷盡艱辛，始收回一部份。惟以藏書無多，銳意搜羅，適香港發見日敵前所刼掠廣州圖書已捆束欲運台灣者，凡三百餘箱，消息傳來，館長杜定友親自到港交涉，起回各書，除關于中山大學及省民衆教育館等原日所藏者，分別送回原機關外，其原爲省　所有，印有圖記，並日敵所封無主名者，均歸圖，所得之書，以前意大利領事羅斯所搜羅，關于廣東文獻著述、最爲大宗。廣東府縣志廣東各縣人民族譜，尤爲充牣。又當局封存洪政路汪公館之書籍，一部份亦撥歸省圖，其中頗有珍貴古籍。現在廣東縣志，共有八十七縣，尚缺五縣，即可完備，此爲一大特色。近已油印一縣志目錄，公諸衆覽。民國以來，歷來省政府公報，合釘成冊，有廿餘年完全無缺，此爲現世史料，亦屬難得，觀察現狀，省圖可稱爲中興時期。惟圖書充積，而貯藏地點無多。最完整者，僅爲原日之大藏書樓及十峯軒。而舊日之藏版樓南園三忠祠各地，均爲各機關分駐。圖書安放，實覺狹隘難容。安得規復民元景況，將廣雅全部，俱歸統一，復作書庫書堂，俾便流通閱覽，則誠盛德之事也。

定友按：抗風軒十先生祠，爲吾粵文風之所匯。三忠祠臣範堂，爲吾族忠魂之所寄。前人艱難締造，以昭後代，意至善也。兩度撥歸省立圖，猶足供民衆瞻仰，俾遊息其間，拼覽先賢遺緒。乃政府機關，每以一紙命令，勒遷入駐，尤蔑視文化史跡，莫此爲甚。如我國民族英雄，文公天祥，以代遠年湮，近輩已乏印象。苟三忠祠屹立於今，自足發人深省，喚起民族精神。今乃改爲鹽務管理處，變爲衙署重地，閒人免進。對於國魂之損失，將無法補償，當局其知之乎？

近人有言，謂廣東無文化者，聞者痛心。余忝長館務，亟謀恢復廣雅舊觀，重開抗風軒三忠祠，以振文風，而表忠魂。使本館爲文化學術之中心，以雪廣東無文化之恥。乃人微言輕，無所建樹。前人所創之樓宇，亦以經費無着，年久失修。危樓欲墜，損折堪虞。民國以來，當局對南園故址，非特未加擴充，反而鹵莽滅裂，日趨傾廢，緬懷前賢，寧不愧死？

吾粵文化，阮文達公創學海於前，張文襄公建廣雅於後，其繼繩遺緒者，惟廣東省立圖而已。乃全館經費，不足訂閱報紙二份，發揚光大，從何說起？袞袞諸公，但知政經，不重文化，不齊其本，而齊其末，則紛紜擾攘，無補時艱，又何足怪哉？余以垂暮之年，生當亂世，雖竭盡心力，而匡時乏術。亡羊補牢，有待來者！

七、廣東省立圖書館與廣東文化

杜定友

教育部頒圖工作大綱，有「省立圖應選購或徵集本省文獻物品專室特藏及編撰提要說明」之規定。良以地方文獻，非特為掌故史料之寶藏，抑且讀之發人深省，使祖述先賢，愛護鄉邦之念，油然而生。其影响於一國之文化，至深且鉅也。故省立圖應以保存本省文獻為最重要之工作。至普通閱覽及各科圖籍，則應由縣市圖供應，以便當地人士之參考。

廣東省立圖成立於民國初年，奉都督胡漢民之令，以廣雅書局南園及三忠祠為館址，規模宏大。民國十年定友接長本館，以保存廣東文獻為主要職責，因而旁搜遠紹，不遺餘力。民十二年因政治關係離粵赴滬，功敗垂成。其後經徐信符先生等續有添補，對於本省志乘鄉賢著述，庋藏漸豐。惜于民二十年間當局未明省圖對于本省文獻之關係，令將所藏歸併他館，遂使二十年來心力所積，廢于一紙功令！

民國廿九年李伯豪將軍回粵主政，以各省均有省立圖之設，為一省學術之樞紐，而本省獨付闕如，實為吾人之羞。乃籌議復館，定友受命於戰亂之時，交通梗塞，經費困竭。明知搜集文獻，談何容易！然猶鞠躬自矢，雖在烽火未戢之中，欲效蕭何先收圖籍，其事倍功半，無可為諱。計當時所搜集者，僅二千餘冊，曾撰「廣東文化與廣東文獻」一文（載文化新聞第十期三十年二月十四日）敬告一般關心文化者，以求將伯之助。

民國卅四年抗戰告勝，鄉土重光。本館復員南下，遷回富有文化歷史性之南園故址。搜殘籍於秦灰，發幽藏於孔壁。目擊五厄斯文，於焉心傷。手理百劫殘篇，爲之力竭。愴痛之餘，爰有「廣東文化在那裏」之作。（載民族文化五卷二期三十五年三月一日）數月以來，殫精竭慮，朝乾夕惕，均以廣東文獻爲致力之的。

當接收僞省館時，在零亂無章蛛封塵積之圖書中，僅檢得本省志書二十六種（多屬不全本）。其他足稱文獻者，亦僅四百餘冊。嗣經作者分別向藏書家舊書肆，及外縣圖，多方搜訪。連同其他敵僞機關，接收所得，及團體或私人以友情相移贈者，逐日有所益。搜集所得，特闢專室庋藏。然因其中冊頁，久欠整理，散脫殘破，不一而足。裝幀重訂，頗費時力。全部文獻，大別爲廣東史料，鄉賢著述，及本省刊物三部門：1.廣東史料分總志分志兩類。總志總叙全省，分志分述各縣。凡關于廣東文化，自然地理，人文地理，倫理禮節，政治經濟，實業社會，文藝史事，其屬全省性者入總志，其屬局部地方性者，入分志。現有本省志書史料七千零六十七冊，圖表二千三百二十八張。2.鄉賢著述以時代爲次，始於漢迄於最近，各以人相從（以書從人）。其人果足爲時代傑出者，另創部類居之，藉示景仰。各著述者傳記倘有單行本，亦附入各本人著述內，現有作家二百餘人，四千四百七十冊。3.本省刊物依照作者最近所編之三民主義化圖書分類法編藏依其內容區爲十部，本省何類刊物最多或最少，庶可一目瞭然，而本省學術風氣亦可覘其一斑矣。現有圖書雜誌凡六千五百四十五冊，另善本書二百廿三冊。以上三部大凡二萬四百零三冊。（卅七年五月統計）此種特有之廣東文獻，其部居之法，前無所承，其中鈎稽考索，亦頗費心力。至於此專室之佈置，亦依所庋圖書部門，分書架爲三組。右爲廣東史料，左爲本省刊物，中爲鄉賢著述。

國父著述特設專架，恭庋其中。分繪各地風景，以作地方史料之標題。高懸鄉賢肖像，藉資景仰。他如地圖風景圖片之選列，椅桌用具之佈置，雖限於經費，力不從心，然亦不敢苟且出之也。

本館惜爲地方所限，圖書擁塞，危樓欲墜，未能全部開放，作者曾爲「廣東沒有文化!?」一文（載革新評論創刊號卅五年十月廿日）用資呼籲。抗戰期間，圖書文物，損失極鉅。今觀刧後斯文，亦彌足珍。其較難得者：如志書中之雍正本廣東通志，廣州肇慶潮州韶州廉州高州等府志，均屬巨帙，幸能全璧。惠州瓊州等府志，亦幾經訪配，始得完全（惠州府志係併六部而成可見求全之不易）。縣志方面如中山台山花縣增城惠來海豐澄海興寧英德始興連山廣寧開平恩平陽山陽江電白海康瓊山等均各具版刻，或內容不同之本兩部以上。就中香山縣志尤爲難得。惠來連平興寧鶴山開建等志，均屬孤本或是精楷抄本（開建縣志兩道輯自道光皆爲鈔本其刊本已極罕尤爲珍異）。他如嶺海名勝記，傳本頗稀。省內各族姓系譜，凡七十一姓二百三十九部七百四十九冊。他如嶺南叢述，道光粵海關志，廣東駐防旗營事宜（精抄摺本）嶺南遺書，廣東文獻，黃泰泉會賦注釋，謝山存稿，翁山文外，楚庭耆舊遺詩，翠琅玕館叢書知服齋叢書，粵雅堂叢書，七省沿海圖等，或以傳本稀，或以刊刻精，見珍士林。至如學海堂刊印之皇清經解三百六十冊，菊坡精舍刊印之十三經注疏，古經解彙函，廣雅書局刊印之廣雅叢書，武英殿本聚珍版叢書，全上古三代兩漢三國六朝文，皆屬皇皇巨帙，幸能羅致粗備。又如本省著名之學海堂專課章程，學海堂志，書院如越華菊坡等之課藝，偶得一二，是亦爲徵文考獻者所欲先覩者也。而鄉賢選述之稿本，從未刊刻者，如粵東庚申軍變紀略，珠璣巷民族南遷記，宋元版漢書考，梅菉志，明李忠定公事畧，此尤爲珍異之品。將來當刊印傳播。此外有鄉邦重要獻典，而爲本館所未有，或有而未全者，均待徵訪。而尤以志書爲急。計有新豐乳源崖州等四州縣志書，均急待徵訪。倘荷熱心君子，匡其耳目所未逮，則不僅本館拜嘉，士林食德，抑亦全省文獻之光也。企予望之！

八、廣東文獻儲藏室

何凡

拿着杜定友先生底用圖書館寫成的柬帖，我們走入了省立圕的大門外，時間已經是下午五時了，但我們知道杜先生是有純學者的風度，也許不會受到預定時間的拘束。

經過了通傳，我們終於在幽雅的館長室會見了頭髮斑白容態沉靜的杜先生，他很客氣地請我們在舒服的沙發坐下，在四面金碧輝煌的書，映照之下，我們忙着聆聽杜先生底談話，也忙着接受他親自送過來的咖啡和食品。

「我們有許多書，想請各位來看看」杜先生用綏慢的語調說，「省立圕已經復員好幾個月了，外界人士也許覺得我們還沒有相當的表現，但實際上我們到現在才弄好了頭緒，這兒總共有了十二萬餘冊的圖書，全館的員工卻祇有十個人，而且祇能用兩個人來做整理圖書的工作，把一堆雜亂殘破的書重新編排，釘裝，放置，實在不是一件容易的事情，同時我們每個月的經費祇有四萬多元，也未免太少了」！

關於書籍的來源，杜先生說，約有三百多箱是接收得來的，其餘的是他自己向各方面努力搜集得來的，現在的館址是往昔文人雅士們集會的「南園」故址，地方倒還寬敞可用，但是有一半的地方已經作了其他機關的場所，就顯得太狹小了，記者請問杜先生目前的工作和未來的計劃。他說：「現在我正努力搜集有關廣東文物的圖書，已經有了萬多冊，內容大概可分為（一）廣東史料（二）鄉賢著述。（三）本省刊物，三部，成立了一個廣東文獻的儲藏室。人家說廣東沒有文化，我們只有把廣東過去和現在的出版圖書，作家史略，和一切資料讓人家看，才可以証實廣東過去是一個有化文成果的地方」。

接着杜先生發表了他對圕工作的感想。他說：「除了學校教育以外，我們還需要培養社會人士研究學術的風氣，一般學術討論會和演講會，都是有時間限制，但閱讀却可以潛移默化，造成了自由研究的作風。我是非常尊重羣衆的，我自己愛坐沙發，但我也要羣衆們有一個舒適的閱讀場所。對這一個圕，許多人都給我貢獻意見，主張向社會各界籌募圖書　，我以爲首先要自己弄好了規模才談得上籌募的問題」。

大家喝過了咖啡，杜先生領着我們參觀了整個的圕，多許宋元版在一所房裡，都是絕版的珍本，經過了日本人加上了錦緞的釘裝。看起來痛心，好像日本人對我們的書比我們自己還愛護、其他幾間藏書室，都是經整理過的，書架不夠，他們利用了裝運書籍的木箱架起來，還有許多殘破不完的，還待慢慢小心收拾。整個圕的大部分都給藏書的地方佔去了，樓上因爲受不起重量，再也不能安放更多的書，這間古色古香的書院，已經接近了傾圮的時候了，普通閱書報處祗有設在走廊外面，閱覽室只有一間狹窄的偏堂，作爲館長的杜先生指着它慨嘆地說：「全廣東公共的圕底閱覽室就祗有這廿多個坐位」。

握別了這位從民國七年以來就致力於圕工作的杜先生，我深深地感動而惋惜，中國畢竟還有像杜先生那樣不慕榮利，終身致力於文化工作的人，但是人們對他們這一群文人底崇高的工作還沒有給予充份的同情和助力。

（卅五年六月十六日廣州中正日報）

九、省立圖書館剪影

浪波

叅觀省立圖囘來之後，心里不期然而然起了一種悲哀的感覺，我爲省立圖悲哀，也爲中國文化前途悲哀。

到今天，我才知道這廣東省唯一的圖距離我們原來的理想是這麼的遠，關心廣東文化，中國文化的讀者，讓我把這一間可憐的圖的現狀寫出來吧。

一、沒有了『人』！

圖里的藏書現在共有十二萬冊，數目還不算太少，可是目前能夠開放供人閱讀的不過四萬五千冊左右。這十二萬冊圖書未能全部整理開放的原因，是沒有「人」去整理他們。館里面的辦事人員只有十個，除了負責總務，文書，管理……等等必須的職務人員以外，剩下來去整理圖書的只有兩個人。十二萬冊圖書，兩個人！憑着這兩個人的四隻手，要在每本圖書上面蓋七個圖章，單這一項蓋章的工作，就要幾個年頭。

「圖書是有的，可是沒有人去整理啊！」館長杜定友先生和記者談起來不禁唏噓歎息。

二、『審容膝之易安』

圖地方本來是很寬敞的，可是，像其他的文化機關一樣，牠被別一個機關强佔了一大部份去了。那裡，現在多了一個甚麼「建設委員會」把一大半地方劃進了他的勢力範圍，「閒人免進」。館長曾經去交涉，對他們說：「圖是爲民衆服務……」他們都說：「我們也爲民衆服務！」那麼，還有什麼話好說呢？

地方小了。當然不夠用。閱覽室現在只能容納二十人，而且已很勉强了。

杜先生說：讀者是有的，每日平均總有六七百人，可惜只是地方太小。

我到閱覽室里走了一遭，看見廿多個人擠在里面，看雜誌，書報，態度是這麼優悠自在，好象全不把地方狹窄這回事放在心上似的。我記起了陶淵明的話：「審容膝之易安」。

三、滑稽的數字

圖里辦事的人少得可憐，而每月的經費更少得可憐，讓我們算一算：

薪給　一七四〇元（另生活津貼）

辦公費　八四六〇元

購置　二九〇〇〇元

特別辦公費八〇〇〇元

把他們加起來，一共是四萬元，對於一所關精神食糧的供應站，這一個數目是多麼滑稽？

四萬元，拿來購買二份報紙也不够！

怪不得有人說：中國是一個不是文化的國家，這句痛心的話，現在得了証實了。

圖在這悲哀的小圈子里，不但沒有倒下來，而且愈長得堅强了，我們不能不佩服牠的領導者杜定友先生。

四、牠是有前途的

在杜先生不斷搜集之下，廣東省立圖現在藏有廣東史料二萬册，是全國圖保有廣東文獻最完備的一所。

本省全省共有九十四縣，省圖現在已經搜集了八十三縣，除防城，白沙，樂東，保亭原無縣志外，尙差新豐，和平，乳源，鬱南，縣雲浮，合浦，欽縣，崖縣，陵水等十縣。短期內可望完全搜集齊備。最名貴的，畱有四庫全書原抄本二册，可說是該館之寶，除此之外，還有清代史料，十分完善，有清一代縣硃皇室實錄，大臣奏摺，拳匪之亂始末……紀述很詳細，杜先生表示很想在短期內把這些史料舉行一次展覽。

五、等着政府的表示

對於省立圖，我們感覺到悲哀，也覺感到高興。悲哀的是牠不受政府重視維護，高興的是牠的成就委實不少，假如得到政府的扶助，相信牠的前途是無限量的。等我們着政府的表示。

（卅五年六月十五日前鋒日報）

十、兩小時學術的觀摩（參觀省立圖速記）

前（十二）日省立圖長杜定友氏，備請本市新聞界，前往該館參觀。記者在戰時違難粵北，久已與西南文物隔閡多時，得此機會觀摩本省光復後的文化中心區——省立圖，實在有無限的感慨和興趣！

仲夏的氣候是多麼酷然的！當我跑到圖的門前，發覺有疏落的幾位讀者，休暇地在閱讀書報，環境恬靜無嘩地，頓使過慣都市喧囂生活的人們，心境爲之清靜，有與塵世隔離之感！在一個館役引導下，我被領到館長室去，那時，道貌岸然的杜館長，殷勤地起迎，且說：「今天算不得是招待，那不過邀約輿論界到來指導罷了」。他是十分謙虛的，反映出終身從事圖書事業底風格，畧用茶點後，他開始縷述省立圖蛻變的經過。首先，他指出廣州淪陷時，敵人對圖書事業是異常注重的，因此僞組織也開辦所謂圖，可是，這卻使百粵人民獲了不少裨益，那就是日本投降時，僞圖遺下七萬五千冊書籍，無法搬去，現在都爲我們接收，同時，我（杜氏自稱）在香港發覺有藏[illegible]館印的圖書，散失在某貨倉裡面，於是便拿了檢得的幾冊，跟香港政府交涉，很迅速的又收回一小部份。這樣，連同舊有的藏書，便恢復了目前館址，獻給讀者參考。

「但是，可惜得很！本館恢復至今，管理人員都不夠，經費每月也僅得四萬元，因此堆積如坵的圖書，無從加以科學整理，及編列號碼，讓專門的學者研究，那是我粵人民的一種損失啊……」。杜氏感慨繫之地對我們申說。

「現在，就請你們實地參觀去！」他離座帶領我們先到一間用舊木箱板釘作書架的房間巡禮，那裏的書都未經編號，而且搜集了敵僞時代的「南支日報」之類，是不準備公開瀏覽的。跟着到另一藏書室，內面陳列的有宋，元，明，清代的綫裝書刊，「宮門抄」與「苗猺獞像彩畫」，及「四庫全書」剩頁等等，都是石印手抄的孤本，爲坊間所罕見的，杜氏解釋說：有部份是原有藏書，有一部份是他自己在五個月期間，用種種方法搜集得來的。像這樣富有歷史價值的圖書，管理他的人，往往「監守自盜」的習慣，但他是并不如此做的，因爲他認爲圖書事業，就是自己「終身之家」！只有企望將它充實起來，好讓專門學者不斷的研究，學習，乃至有所發明和貢獻！

杜館長繼引我們至一間寬敞的書室去觀摩，壁上高懸着我粵圖要的照片，書上敍佈着廣東人民的文獻，最珍貴的「孫大元帥令」眞蹟。是 總理親筆寫的底本，還有粵省八十三個縣份的「縣誌」都應有盡有搜集收藏，所欠缺的，不過幾個縣份而已，此外，最近爲人注意的開發瓊島問題，那裡收藏的圖書確實不少，舉如瓊島的歷史，地理，實業，出產量種種資料，都以供給專門研究者 的需要。

最後杜氏又引導上樓，那裡擺列幾張書桌，有幾個館員在埋頭苦幹！據杜氏說後樓是很危險的，所以不敢讓讀者登臨，前樓堆積有清代圖書 甚多。

「太平天國誌」「拳匪變亂」「李鴻章外交圖片」等，琳瑯滿目，有目暇不給之勢，最使我們警惕的，是經過日本虜去圖書，俱加以精印翻裝，再加上美麗的裝璜，以引起閱讀入門「尊重」之感，從此可見日敵對我文化侵略的「處心積慮」。

省立圖的地址清幽，其中有一部廻廊、茂林修竹的景緻絕佳，夏季在此瀏覽溥修，可以使人樂而忘倦的。從外面觀看它的樓房地基已低陷數寸，樓上建築多已腐爛，假如有暴風雨摧殘的話，隨時有傾塌可能—這是村館長根據工程力學的訴說。

時間在不知不覺間溜走，很快的消磨了兩小時，我們一面本着求知若渴的態度，實際觀摩，一方面感到經過敵僞摧殘的文化事實，要復興起來并不輕易！

我們生息着的廣東，有着如此豐滿的文化基礎，爲什麽不加以發揚光大呢？我想賢明的當軸，將有輝煌的推進計劃，以滿我們百姓之期望的。

（卅五年六月十四日華南日報）

十一、歷史是誰寫的？

（為　國父文物展覽而作。）

杜定友

在提倡文化崇獎學術聲中，我們不要忘記：「沒有歷史，就沒有文化」這一句話。但是歷史是誰寫的？一位史家回答得好，他說：「歷史是讀歷史的人寫的」。意思是說，歷史家祇是歷史的代言人。他不過演繹史實，編纂史料，而決不能憑空構造，歪曲事理；否則他是在寫小說，而不是寫歷史。所以其眞正歷史的作者，是歷史中的人物和他們所關繫事跡。而現在讀歷史的人，就是將來歷史中的人物。一個時代，一個國家，產生一位傑出的人物，立下轟轟烈烈的偉績，就有一個國家一個時代的歷史。

這是很顯明的：沒有中山先生，就沒有中華民國的歷史；沒有三民主義，就沒有中國的現代文化。中山先生是中華民國的創造者，領導者，三民主義是立國的原則，建國的指針。但是怎樣去達到這個理想，完成這個任務，則全在我們後死者的肩膊上。也就是說：將來整部中華民國的歷史，成個什麼樣兒，就全看我們怎麼樣做法？我們可以把中華民國歷史寫成燦爛的一頁，也可以辜負了創造者的一番苦心，而弄到漆黑一團。歷史的筆，操在我們手裏，我們還可以逃避嗎？

為了要遵從　國父的遺教，發揚　國父的學說，我們特在　國父誕辰的今天，舉行　國父文物展覽會。這是一個提示，一個警號，我們希望這一個小小的展覽會，能給與觀衆一個深刻的印象，一個切實的體會——緬懷過去，創造將來！

在籌備過程中，我們很感幸，得到各方的協助，爲本會生色不少。秘笈珍藏，公諸同好，尤爲難能可貴。但是以　國父的偉大，民國之宏規，我們深深地感覺得內容還是空虛，條理未能連貫。這在籌備期間的忽促，人力物力的缺乏，是無可避免的。

由於這次的教訓，我們還感覺到在過去數十年，戰頻仍亂，人事動盪，機關裁併，規制紛更之中，已保存的，烟消雲散，於文化之損失，何可勝計？以　總理文物而論，且零落不全，其他更不堪問！今後若不急起直追，亡羊補牢，將何以對後世子孫？何以負起歷史的使命？按文明國家之先例，文獻應由圖書館保存，實物則由博物館保管。其組織完備，其歷史悠久，其經費充足，其人事穩定，故能歷久不變，蔚爲大觀，以供民衆之觀摩，史家之參攷。歷史積累而成，我們的一行一動，一事一物，都是歷史的材料，我們要珍惜史料，更要愛護史料的保存者。這一代的歷史，不要由我們湮沒過去，使後人無所遐藉。希望由這一次的展覽，觀衆對於　國父思想人格之偉大，民國締造之艱鉅深受感應，並引起社會人士，對於蒐集的興趣，負起歷史的任命。

「歷史是讀歷史的人寫的」！

（卅五年十一月十三日廣州日報）

十二、何以對後代？

杜定友

我相信五百年後，沒有現代式的飛機。好像五十年前，我們沒有流綫型的汽車一樣。航空事業，日新月異。五百年後，將如何變化，眞是難以想像。也許連「飛機」這兩個字，也不用了。好像我們現在聽見人叫汽爲車「咘咘車」「摩托車」，一樣的好笑和驚異。一百五十年前的火車，着實令人可笑，「怎麽？這種怪東西也能載人運貨嗎」？

倘若沒有歷史，沒有記載，人生將感覺怎樣空虛，世界將成爲怎樣荒蕪！「前事不忘，後事之師」若是我們的祖先，不把他們的寶貴的經驗，留給我們，那末我們永遠是初生之犢，和草木犬馬一樣的渾渾噩噩，還想乘飛機坐汽車嗎？

歷史是人類所專有的。有歷史而後有進步。我們要珍惜過去，把握現在，創造將來！「將來」並不遠，祇在「現在」的一秒鐘之後。過去也並不久，祇在「現在」的一秒鐘之前。現在讀歷史的人，就是創造將來歷史的人。我們人人都負有歷史上的責任。誰也不願意把自巳的子孫，當作犬馬看待。

歷史的記載，寄托在文物。圕和博物館，就是負有歷史上重要任命的兩個姊妹機關。文化先進的國家，因爲珍惜歷史，緬懷後代，所以在通都大邑無不有大規模的圕博物館的建立。

從事圖書博物事業的人，並不是迷戀「過去」憧憬「將來」，却是爲了「現在」因爲一切「新」的思想學術，都要從「舊」的孕育出來。現在能有作爲，將來才有生路。不專替子孫着想，也得要爲本身設法。可是人們每以爲圖爲「民衆閱書報室」，以博物館爲「古玩店」。一是爲貴族們的玩意兒，一是小子們的消閒地，於國計民生，關係寡微，以是輕輕地、把圖博物館，踢在一旁。

對呀！我們現在是患窮患餓。過去的歷史，不能當作麵包。將來的畫梅，不能拿來渴止。我們要顧目前，我們要解救現在。無遠慮和近視眼的人們呵，我們爲什麼不想想？我們爲什麼窮，爲什麼餓？祇是嚷着喊着，還想效無知的婦孺，不化一點本錢，不出一點力量，祇跪在菩薩面前 叩了幾個响頭，就希望財神降臨嗎？

整個社會，就好像還沒有脫離中古迷信時代，不過現在所迷信的，不是木偶，而變爲什麼會議什麼辦法，在咀吧上做工夫，在公文上打圈子，無怪物價日高，民生日困。

我們要救窮，要救餓，不單是要計劃辦法，而且要實際工作，我們要黃金，爲什麼不去開發鑛產？我們要食糧，爲什麼不增加出產？但是如何去從事，還是智識問題，技術問題，也就是現代科學問題。所以我們並不是窮，並不是餓，而是「智識荒」，沒有智識，就沒有辦法。

我國智識階級，多數受着千古的遺毒，以爲「勞心者役人，勞力者役於人」，儘是一些高談理智，口說仁義，而「四體不勤，五穀不分」的「賢達」。捧着一部四書五經，擺着一套紳士架子。永遠站在生產圈外，食之者衆，生之者寡，國家爲得不窮，爲得不餓！

智識者有理論的，有實際的。合乎實際的理論，與合乎理論的實際，才是科學的智識。圖書與博物，本身並不是智識，但是搜求智識基本材料。沒有過去的宇宙哲學，何來今日之原子彈？現實的文物，不善爲保存，必留待後人去發掘，去猜謎，豈不是故意惡作劇嗎？

圖和博物館是文物的倉庫，智識的源泉。不爲將來，也得要爲現在。我們要救窮救餓，我們要科學智識，而科學智識，日新月異。圖書典籍，汗牛充棟。私人圖書和齋堂古玩，既未能公諸同好，也無法搜索完備。學校祇教人求智識的方法，而眞正的智識。應在圖博物館求之！

可是圖博物館既被踢在一旁，呻吟於極度貧乏之病之下，一個省立圖書館每月購書費不足訂一份報紙，遑論其他圖書什誌世界名著？現在不購置，將來絕版了，向誰尋覓？爛污就拆在下一代身上！將來他們不知道飛機怎樣演進，石刻是什麼東西？這是誰之過？

近視的人們啊！卽使不爲後代打算，我們就滿足於現狀嗎？我們不是要救窮，救餓嗎？爲什麼不追求智識？現在圖博物館的被漠視，非獨何以對後代，抑且無以應目前！

（卅六年十一月十二日廣州中山日報）

十三、爭取讀者

杜定友

罵人是最痛快的，打官腔，尤其是便當，所以近來對於黃色文化，紅色新聞，大家都在痛罵，在嚴禁。這種毒（讀）物，誰說不該打倒？不該取締？但是，打得盡嗎？禁得絕嗎？消極的辦法，雖然不無微效，但是，壓力愈大抗力愈大，我們更須積極地，去爭取讀者！

讀者在那裡？滿街都是，尤其是門板書攤的前面，和小書店的裡面，大人先生們駕了汽車，疾馳而過，何嘗看得見千萬顆青年的心？他們要求知，他們要求前進，要滿足他們熱望，要實現他們的理想。他們有一片純潔的心情，坦率的態度，祇待相當的渲染，天下之士，不歸楊即歸墨，但看我們如何去引導去爭取？

可愛的讀者。凡是要瞧讀書報的人，都是可愛的。他們不去嫖賭飲吹，不去爲非作歹，而手執一卷，埋頭伏案，寧不可愛？對於這些可愛的讀者，我們不能予以匡助，一旦給人家拉去了，沉緬於濁流之中，還要罵他打他，這是誰之過？我們還該談什麼領導青年？天天開會，發表演說，或者重申禁令，就可以有效的挽回這個局面嗎？

我們要爭取讀者，我們要領導青年，我們要了解他們的心情，適應他們的需要。在適當的時候，有適當的環境，給予適當的讀物，以滿足他們的熱望，充實他們的智識，昇華他們的思想！

我國雖然是文盲遍野，教育式微，但是，現在社會上搗亂的貪污的，並不是無智無識的老百姓，我們所要爭取者，不是他們，而是徬徨岐途的智識青年，和紛忙浮動的上層階級。他們，才需要正當的指導，學術的修養。

十字街頭的青年，他們雖還在校肄讀，或甫出校門，但是他們在校所受的教育，多半是被動的盲目的，注入的，格式的。這種教育，並不能深入青年的心坎，改變青年的氣質。必要等到他們能夠自由自動，能夠接受他們所自己願受的教條，才能發揮潛移默化，奮菲冲宵的宏大力量。這時候，正是我們要爭取的時候。

社會上負責政治經濟教育文化的人，很多還是爲做官而做官，濫竽充數的，所以他們雖然飽讀詩書，甚至於鍍金鍍銀，但是學非所用，用非所學。他們既是社會的上層階級，有權有勢，若是他們的一切措置，不以學術爲指歸，而以己意出人，則政治永不能上軌道，于國家毫無好處。我們希望他們一面工作，一面學習，尤其是學守其業，官守其職，以實現政治學術化，事業專門化。

我們對于現代的政治，老實說，誰都深懷不滿。若是我們試一查攷，一個負責某部門的首要，他除了開會應酬，批辦公事，天天準備交代，日日指望高陞，一天到晚，忙得發昏章第十二。他何嘗有片刻的寧靜，清醒的神思，對于他所主管的業務，作學理上的探討，以圖籍爲參攷，每天讀上一兩鐘的書呢？每個人都在暗中摸索，臨時應付，於是專講圓滑，但求敷衍，我國政治之漆黑一團，豈無由哉？所以現在社會上負責的人，也是我們要爭取的讀者。

那裡是適當的環境？——圖。

明窗淨几，展卷玩味，是人生一樂。况且現在米珠薪桂，而圖書典籍，汗牛充棟，私人那有力去購買盡藏呢？所以現在的圕，其最大的任務。爲供給讀者以適當的圖書，輔導自學靑年之自修，及供應行政設施的參攷。在許多社會文化事業當中，圕是最重要的一個。社會上盡管有許多爲民衆服務的機關，但是老百姓未必個個能夠跑得進，直接受到什麼益處。地方上機關愈多，民衆的地域愈少，以讀者而論，祇有圕是他們自由的園地。

我們若是眞眞要提倡文化，爭取讀者。必須有良好圕的普遍設置。那裡應有寬暢的園地，優美的環境，舒適的設備，忠誠的服務，有閱覽室參考室展覽室和各種專門材料的研究室。琳瑯滿目，應有盡有，終年晝夜開放，便利讀者，借書閱讀，不收費用。其他的出版品。雖是價廉，能夠有比圕，不收費用的更廉嗎？

可是現在怎麼樣？以省立圖書館而論，閱覽室的座位。祇容二十餘人，因館員人手不敷，又未能准借出外，圖書堆積如山，因館址狹少，缺乏書架，無法整理，以公同好。每月辦公費一萬二千三百七十元，購書費一萬六千元，除了訂閱幾份報紙外，什麼也談不上，以這種貧乏的圕，拿什麼去爭取讀者？

我們整天高唱提高文化水準，養成學術風氣，而圕事業，顯然被忽略了。不祇是忽畧，簡直是打入了冷宮，讓讀者嗷嗷於不顧。他們不得其門而入，或入而不饜其求，祇得顧而之他。那黃色的赤色的讀物，正在招手歡迎他們呢！

讓我在這裡替千萬讀者，向當局請命。他們需要適當的讀書場所，他們需要適當的讀物。

著作家出版家們，他們對於正義的表揚，學術的提倡，是值得我們欽佩的。但還要多多了解讀者的心理，適應他們的需求。他們有滿腔熱誠，接受你們的教訓，但也有一肚子的苦悶，無法宣洩。我們何不竭誠相見，坦白陳說？而偏偏要岸然道貌弄得人鬼不近；那些蕉義八股，應時文章，和一些自認爲老生常談，而偏要滔滔不絕的訓詞，非獨令人討厭，而且簡直是災梨禍棗。

爲甚麼叫青年們要克苦耐勞，而自己卻養尊處優，能令他們置信嗎？叫青年們從事科學，而自己的地位，卻不是拿學問換來的，能令他們心服嗎？我們爲什麼諱疾忌醫？爲什麼還要玩弄「民可使由之，不可使知之」那一套舊把戲？

在圖裡，展覽一本裸體畫報，一位老先生走過，嗤之以鼻，大罵世風日下，賢閣的不是。但是當室內無人的時候，他偷偷地先看一個痛快，對於黃色文化赤色新聞，也何嘗不可作爲如是觀？

讀者需要痛快，需要爽直，需要宣洩他們的苦悶，需要認識社會的現實，他們何嘗要左傾？何嘗要墜落？他們沒有得到正當的指導，沒有得到相當的安慰，於是沉淪，於是狂放，我們不能預防之於先，反而責罵之於後，我們辜負了讀者，喪失了羣衆。

讓我再替千萬的讀者請命，著作家出版家們，多多賜予讀者所需要的讀物，我們該改變以往的作風，充實寫作的內容。引導他們的意向，減低他們的負担。在港粵一隅，人家可以拿出一萬五千萬元一月的宣傳費，而我們呢？經費到那裏去了？

我們不要再打官腔了。我們要在適當的時候，有適當的環境，給予適當的讀物，才能爭取讀者。

十四、圖書復員問題

杜定友

漢帝滅秦，蕭何入關，獨先收秦圖籍，高祖謂曰：「乃公以馬上得天下，何用詩書爲」？何對曰：「天下可以馬上得之，亦能以馬上治之乎」？漢書藝文志曰：「漢興，改秦之敗，廣開獻書之路，建藏書之策，置寫書之官，使謁者陳農，詔求遺書於天下」。於是蕭何次律令，韓信申軍法，張倉定章程，偃武修文，漢室大治。其後設立五經博士，而啓中興之業。現我國抗戰勝利，建國伊始，圖籍散亂，其情形與漢初正復相同。軍事之戰爭，雖已結束，而文化學術之競爭，來日方長，國事如麻，百廢待舉。今後一切設施，應以學理統計爲根據，以專門技術爲依歸，庶免盲人瞎馬，治絲益亂。圖書律令，爲人人參考之必需，蕭何於入關之始，「諸將皆爭取金帛，何獨收秦相府律令圖書，漢以是知天下阨塞，戶口多寡」。（中華百科辭典一〇七六頁引）誠不失爲有識之政治家，故圖書復員，實爲當今之急務！

溯自中日戰爭以來，我國沿海各省，藏書素豐，乃盡淪敵手。其善者捆載而東，次者付之一炬，益以公私圖，流離遷徙，散佚在數千萬冊以上，誠我國文獻空前之巨厄也！圖書爲古今賢哲思想之結晶，歷史文化之總賬，吾人身居後世，而能上溯千載，以求其治亂得失，旁及東西各國，以考其文物之盛，捨圖書外，其道沒由。即偶由參觀實驗所得，非筆之於書，亦無以流傳，以供揣摩。至若時事之點滴，抗戰之經過，殘篇斷簡，均賴保存，以資參考。此次暴日佔侵，非獨奪掠我土地，魚肉我人民，奴化我教育，且欲摧殘我文化，毀滅我史實。故對於圖書文獻，焚燬特甚。茲幸國土重光，還我山河。賴我當局處置得宜，山寇無條件投降。遺餘文獻，倘有未及運出者。搜輯遺亡，倘未爲晚。圖書爲國家之瓌寶，圖爲文獻之庫藏珍惜呵護。實爲人人應盡之責。私人藏書，不出三代，可爲殷鑑。納入圖中，公諸同好，永久保存，方符國家愛護文獻之至意。

關於搜集圖書方法，畧擬愚見如左：

一、我國公私圖書，曾被敵掠劫，已運出國者，即派員赴日各方檢查，全部追回，交還原主。

二、各圖戰時之損失，包括圖書設備及建築物，應由敵國負全部賠償責任。

三、各僞省市立圖，由原有省市立圖全部接收。

四、新設立之敵僞圖，由政府接收後，撥交現有公共圖接管。

五、私人或書店如有檢存公立圖之圖書，應自動繳還原主，以重公物。

六、各圖接收後，如有屬于他館所有權者，應分別交還原主。

七、私人住宅或公共機關，如有敵僞遺留圖書，全數交公立圖保管運用。

八、個人藏書，如非日常應用或具有複本者儘量移贈公立圖，以公同好。

九、政府對于各圖，寬籌經費，充實內容，俾能大量添購新書，贖回舊書，以供各界參攷。

十、國際善後及世界教育文化機關，予以圖書及經費之援助，以復興圖事業。

至于搜集工作初步完竣後，各圖應取得密切聯絡，成立圖網。對于各館藏書之內容範圍、及數量，應有合理的分配，對于現有圖書，加以調整及交換，以免戰前之重床疊架各自爲政。天下圖書，汗牛充棟，美不勝收，要在分工合作，各有專精，庶讀者可以求書有所，因書究學，而各館對于分類編目之制度，檢書借閱之手續，更應有一致之辦法，統一之編號，以免彼此紛歧，至令讀者甲是乙非，無所適從，此後各館應盡量減少其內部編目工作，而多致力於讀書指導與參攷輔助。配合建國需要，實行三民主義化。尤須訓練專門技術人材，保其職業，厚其祿位，俾終身從事斯業，爲國儲才。

圖在文化上之地位，不僅爲消極的供人瀏覽場所，而實爲成人繼續教育之大學，行政設施之資源，其益裨民衆，收效於無形。凡進圖借閱圖書者，均自動而來，並無文憑學分之引誘。一切自動的教育，方爲眞正之教育，然學無止境，學校僅爲學齡兒童而設，其已畢業或中途失學者均賴圖以繼續進修。故圖之範圍彌廣，其功用彌深。幸政府當局，社會人士，對于圖書復員工作，予以協助，于我國文化前途，實利賴焉！

（卅四年十月十日建國日報）

十五、精神粮食的緊急救濟

杜定友

「廣東圖書復員報導」

讀了一月十三日上海大公報載：鄭振鐸先生「敵僞的文物那里去了」一文，不禁百感交集，且抄上一段以發其凡：

「抗戰以來，國家和國民的損失，簡直難以數字來估計，其中尤以文物的損失爲最不可補償……一切非「文物」的東西，且不管牠們，失去了不過損失國家的一部份財產，可痛心的是，文物如果損失了，便永遠的不能復得，什麼都可以取去，但請不要毀壞文物吧！這是不可補償的，有關千百年的國家民族的文化的！在抗戰時期多少人還在搶救，在冒生命的危險來愛護，來保存，愛護之且有甚于自己的生命。所謂「魯壁深藏，伏生口授」的東西，到了抗戰勝利之後，難道還能聽任散失毀壞而不加一顧嗎？……今日的情形如何呢？清點的事，最好讓專家們去負責，軍人們自有他們的任務……如果這些清點和設館（指上海）他們要負起責來，實有越俎代謀之嫌，至于「分配」那也是專門家的工作……絕對不能以先下手爲强，佔領了就算是得到。有組織有法律的國家是不能允許如此辦法的……我們站在國民的立場上，爲了愛護文物，不能不追究下落，不能不請求政府立卽採取一切行動，集中散在各處，或在某某部隊中保管的文物，加以清點分配……放在公家，放在明朗的地方，大衆都可以看，都可以欣賞……

否則文物不致失於抗戰之前，而散失于勝利之後，實在太可痛心太對不住後世的子孫了」。

中國向來是文化之邦，書香世家。這次我國的文物受了空前浩刼，現在勝利了自應亡羊補牢，搜輯遺亡。但是復員伊始，百端待理，軍政當局籌劃爲勞，其他都是重的。那幾本書和一些古物，也還顧不及，這當然是意中的事。要真能愛書如命公諸同好，爲國家保存文物如鄭先生般的，原是鳳毛麟角。不過一國的文物，關繫世界文化，單靠少數人奔走呼號，收效原是很微的。還是希望全國上下多方注意，合力提倡才有成效。而且這宗事體，要馬上進行，效蕭何入關，首先收秦丞相府圖籍，不愧爲有識的政治家。因爲復員建國，都要靠學術爲指針，故精神糧食的恐慌，急待救濟，實不亞於物質方面。但是一般人祇知道物質的追求，而忽畧了精神修養和專門技術，對於先賢的遺風，歐美的政制，分配的方法，不去悉心探求，而祇知妄作妄爲，弄到社會上烏烟瘴氣，有心人不能不爲之一嘆！作者感於此故，一得到勝利的消息，就自動的兼程返省。因爲戰亂之餘，書物狼藉，概可想見，若不急急收拾，將噬臍莫及。可惜在曲江無端滯留十多天，待九月下旬冒險南來，廣州已是經過三批部隊駐過了。回來的人有如潮湧，都忙于「接收」，「求事」，熙熙攘攘，不可名狀。而偽敵遺留的文物在那裡，却冷擱在一邊，沒有關心的人兒。但想去查問，却因各地方招牌已經改過了，駐守的人也換防了，竟無從問津。而四散出來的圖書，滿地皆是，每斤不過三四十元。可惜學校欠了七八個月薪，囊中不名一文，祇好望書興嘆。奔走了許些日子，明查暗訪，才知道了一些綫索。後探到了一個消息，就去報告主管機關，但接收却不是很順利的事。

最初接收是爲省立圖、有書[illegible]〇九七冊，另外還有些複本和殘破圖書，因爲館址被人首先進駐，祇堆在樓上，整理起來，首[illegible]次爲僞東亞研究會，有書一五九七〇冊，其中嶺大占八三六七冊，中大占三三一四冊，[illegible]曾接收保管，其中有黃海圖的雜誌較多，因當時沒有負責的人，無從交還。其次是市立圖[illegible]建設廳等，也有少數，還有中日文化協會的書也是由輔導委員會接收的，數目未詳。

中大圖在淪陷前，不及撿[illegible]冊，什誌九萬冊。論陷期間，因敵駐校蕩然無存。爲了追查蹤跡，這批圖書也跑了不少路，除東亞研究會收回二千餘冊外，還有僞廣大收存一八六六四冊，最近在連新路前日人貨倉接回三三[illegible]五冊，其餘四散在舊書攤，書店，及私人所藏，是要全數收回，殊非易事。因爲在勝利前夕，敵僞明知大勢已去，無心保管，焚毀盜賣，在所多有。一部份却由舊書店購入，燼餘文獻，賴以保存，我們爲了收購交換便利起見，特組織圖書聯合辦事處，並得書業公會的協助，得以平價收回，其中仍以中大嶺大的圖書爲多，數近千冊。現陸續仍有收回，但書價也隨着米價飛漲，待領到經費已經數倍於初了。

在廣東對于圖書的致命傷，是有所謂「紙角舖」，他們把書報不分皂白，貼爲紙袋作包東西用，據說每天有百多萬元來往，其害概可想見。我們也費了相當唇舌，才收回一部份。以後如有圖書，得已先行選購，否則他們很容易把印記毀滅，誰也無從認識。所以應付上却不是容易的事，若是操之過急，反而得不償失呢？對于此類書報也酌予平價，但其中有許多重複的，我們就在聯合辦事處集中交換，以彼此不影响接收的數量爲原則。

至于中大在香港的存書，經數月來之查訪，三次托友赴港，均無眉目，因當時寄存圖書由校統籌辦理，現在原經手人早已離校，倉單也不知落在何處以至無從追查，衷心殊爲焦急。因其中有善本書一萬二千餘册，志書一萬三千餘册，碑帖三萬張，實無價之國寶，至最近據香港政府公報，載九龍貨倉有中國古書一〇〇箱，日文書二百二十箱，定于一月十八日由港敵產管理處招商開投。當即托平山圖書館長陳君葆先生、北平圖駐港辦事處何多源先生，前往請求暫緩開投，並開箱抽査，其中有省立　之圖書甚多，原來這批圖書，作者也追踪數月之久，據報當時有意大利領事雜七，藉敵人之力，帶了幾部卡車，四出搜刮古物古書，滿儎而歸，其後因歐戰發生，該領事經濟困絀，便將此批圖書以一百五十萬元軍票轉售予台灣總督府，當時我曾往沙面及百子路等處査訪不獲，今乃在香港發現。一月廿一日陳何兩君又在永源倉發現圖書一百七十一箱，印係中大印章，查係當時存九龍倉者，去年七月經敵與發運營團移至香港西環永源倉保管。聞訊之下欣忭若狂，深深地替廣東文化祝福，而作者數月來之奔走，不至全部落空，堪以自慰。至接收手續，經分呈王校長星拱，而請姚廳長寶猷、張特派員雲英領事署進行一切。

此外我們還接收了僞市立圖書博物館，圖書約有十萬册，其中複本及殘破者甚多，省市圖均因館址和經濟關係，遲遲未能開館整理，以至復員數月，惹大廣州市還沒有精神食糧供應場所。而敵僞印刷品低級讀物，乃充斥市面，所謂澈底澄清奴化思想、及取消低級興趣的讀物、還是一句口號而已。對於這方面的工作，圖原可貢獻一部份的力量，無奈客觀環境的牽掣，無以慰讀者嗷嗷期望，內咎滋深。對於精神粮食救濟的一件事，似從未入大人先生之腦海，不禁爲文化前途煢然憂之！

在接收過程中有幾點是值得令人深省的，以前各所館藏叢書雜誌類多彼殘此缺，而經過敵人從事搜刼，有很多竟被牠們集中臻齊了，可惜現在因爲物權關係，又把牠拆散了，我們痛定思痛，希望聯合辦事處能補此前衍，通力合作，彼此交換，以求合理的調整，最低限度在作者主持下之中大省立市立圕，對于藏書及業務上統籌辦理，互通有無之效，中大圖將注重高深科學及專門技術，省圖注重廣東文獻及文史方面，市圖注重政治經濟及一般民衆讀物方面。各館管理及借書手續當趨一致，作者個人絕不藏書，但願終身爲讀者服務，盡力搜集各館圖書，以供全省人士之用，館內多一讀者，人人多讀一書，即爲作者辛勤之無上酬報，不過各館均限于人力物力、且經喪亂之餘，整理談何容易？省市圖每館不過十人，辦公費每月不過萬餘元，眞難爲其巧婦也！

在接收的時候，各館圖書無不紊亂異常，零落不全，但亦不難想見當時藏書之盛，如省市圖當時均有十四五萬冊，東亞研究會據當時目擊者云，四層洋樓滿貯圖書，而我們接收的時候祗有一廚而已。其中不免有鄭振鐸先生所說情形「不失于抗戰前，而失于勝利之後」，爲勝浩嘆！我們試查各館登記簿冊，往往有注明「友軍移贈」者，亦有爲「中央圖書委員會分讓」者，他們搜得圖書，還知道送給圕以保存文獻，公諸同好，而我們正式的圕，却很少受到這種恩惠。就是在管理設備方面人員與經費僞館竟比正館多四五倍，不知這是什麼道理。

平心而論，敵人注重文化好愛圖書的態度，是不差的，他們每占使一地即有軍中文化班隨行，其中也有很著名的版本專家呢。他們軍事使界，文化使界雙管齊下，還集我國的圖書文獻作為指路牌，所以無孔不入。而我國復員的時候，對于圖書方面似未充分注意，且文化機構之接收，每以圖書為最多，而圖書管理是專門技術，不是隨便可以辦到的，故散失混亂，在所不免。最近我們接收一批圖書，因為積壓數月，方才到手，其中有四部叢刊一套，全部被蛀，可惜孰甚！作者人微言輕，跑斷兩條腿，幹不出什麼成績來，但每有所聞，無不報告主管機關，盡力而赴，也通過不少人事和經濟的關係，還受了不少閒氣，甚或要講交換作，始可收得，而所得的，恐怕還不及十分之一二而已。因為敵人之對於圖書尚知注重，偽府人員也附庸風雅，故各偽機關，偽學校偽公館都有藏書，其中由日本運來的也不在少數，據作者所聞，有南支派遣軍部，所藏關於華南的圖書，首屈一指，粵興公司化學工藝研究所，專藏中外化工書誌，均極精選，岳陽堂存有兩廣各縣志書，積聚數十年之久，汪逆宗準住宅，藏有古書七十箱以上，均經報告當局。此外偽市府偽教育廳長住宅，日本領事館偽廣大附中，及其他敵偽機關，貨倉住宅，均有藏書，而各偽省校的圖書多半屬中大嶺大之物，現在復員已將近九月了，這些圖書還沒有下落，無怪鄭先生大聲疾呼：「敵偽文物那裏去了」？

在復員之初，作者即提議設立廣東文獻委員會，擬對於接收及徵集圖書作統籌分配，可惜提議難產，不得已因行政上的便利，才設立中大省市圖聯合辦事處，但收到的圖書如有其屬他私人或團的，不無物歸原主，如本館需要再徵求交換，現在由教育輔導委員會接收的，雖然不多，其分配辦法還在請示中，也希望能早日分發其他機關。如有接收圖書的也希望像復員以一樣前財予圖，公諸同好。今後對于圖書文獻爲國命所寄，希望國人多方協助，充實各館所藏，以供衆覽。否則徒供蠹魚，一方面「書無人讀」，而一方面「欲讀無書」且爲下級人員焚燒變賣，可惜孰甚？復員建國需要圖書學術作爲基本料資，不能徒托空言，坐而致之的。

最後還借用鄭先生的結論爲結論：

「這些話，誰都不肯講，見面時只有相對嘆息，但是已經勝利五個月了，情形還是如此，如何能不說話呢」！

（卅五年二月十六月十七日民族日報）

十六、復員後之圖書事業

杜定友

圖是文化學術機關之一，是社會中堅份子的文化園地。國家勝利了，偃武修文，正是學術建國的時代，圖復員工作，亦無不在積極進行中。復員伊始，筆者兼程返粵，以搜遺亡爲已任。但抵省之後，廣州已經三批軍隊駐過。回來的人都忙於「接收」，而敵僞遺留的文物，也一再遭劫，狼藉滿地。原來藏書的地方，都換了軍政機關的招牌，門禁森嚴。其中圖書的命運，也就在不可知之數。而市面上「論斤」的圖書，卻不斷的出現。當時每斤不過三四十元，可惜館中經費無着，只好望書興嘆！奔走了幾個月，明查暗訪，歷盡艱辛，才知道了一點消息，就去報告主管機關。但公事往返諸多延宕。遺餘文物，接收到的，不過十之一二而已。

最早接收的是僞省立圖，但館址已被人首先佔據。圖書堆積一角，封塵網佈，整理起來，着實頭痛。該館共有圖書七五〇九五冊，其中復本殘缺甚多。省圖址原在廣雅書局，亦爲軍隊佔用，經筆者一再交涉，聲淚俱下，始收回一部份，其他房舍，至今尚未能恢復舊觀。

次接收僞市立圖書博物館，圖書十一萬餘冊，點收整理，亦煞費心力。而館址亦被佔用，經數月之交涉，始部份收回。

中山大學圖。亦由筆者主持。戰時藏書達三十萬冊，但撤退時，因校當局舉棋不定，僅運出七萬餘冊。所餘均於敵軍進駐時，散失殆盡。復員後曾多方調查搜集，僅收回二萬餘冊。中大戰事初起時，移件存港者約二百餘箱。香港未陷前，前曾多次呈校遷回內地，未果。其後下落不明。查該館圖書有善本一萬二千餘冊，志書約萬三千冊，碑帖三萬張，實爲無價之國寶。復員後經數月查訪，迄無下落，至爲焦急。復托港大圖書館陳主任君葆，北平圖書館辦事處何多源先生，查悉存在港永源倉。聞訊之下，不勝欣忭。遂致函廣東省府。經王校長，姚館長，張特派員，饒將軍之協助，由筆者親自赴港交涉運回，被盜損失十之一二。

同時又據香港公報載：九龍倉有中國古書等約三百二十箱定期開投。當即托陳何二先生代查。發現其中有省圖所存圖書甚多，該批圖書，亦爲筆者追蹤數月之久，原爲敵人投降後未及全部運出者，亦一併由筆者收回，查該批圖書三五六八六冊，古物等七二一件，得以保存，深以爲幸。除省立二七四六六冊外，其餘原屬其他團者，均照原有印章，分別交回，古物則移存省立民衆教育館。奉教育部令，以大公無私，頒發獎狀。查此批藏書，多爲前意大利領事羅斯所藏。其後羅斯先生聞訊，曾親至省立圖多次，深慰保管有人，並致贈書物多種，高誼可感。

此外筆者協同接收的是廣東選研究會，有書一五〇九七冊，其中多爲嶺南中大藏書，均經分別交回，餘由教育部輔導會接收。數目及現存下落不明。

平心而論，敵人對文化，較我們注重得多，各館收圖書當中，常有「友軍移贈」等字樣。他們搜得圖書，尚知送給圖，善爲保藏，公諸同好。而我們呢？每接收一筆圖書，必經多少「關」，通過多少人事或經濟關係，受了不少閒氣，甚或還有許多交換條件，數月之久，才能到手。

我們知道，每一個僞府大員均有藏書，就筆者所知的，南支派遣軍所藏有關華南圖書，可稱首屈一指，與興化學工藝研究所，嶺中外化工什誌，岳陽堂存兩廣方志聚積數十年之久，汪逆中準王逆英儒住宅數十箱之古書，僞教育廳長住宅等……………經筆者多方查訪，奔走呼號，以人微言輕，迄未收回。定爲有力者所攫，或爲無知者所毀。斯文厄運，徒呼負負，有心人不能不爲之痛哭也。

省立圖原有圖書，因戰時損失，僅餘二萬餘冊。二年來努力搜集。現已增到一四二八三五冊，其中以廣東史料最爲寶貴，所藏本省志書已達八十八縣，在全國各圖中，所藏本省志書佔第一位。

中大復員時，僅有圖書五萬餘冊，二年來運回各地存書，及接收各方贈書，已增至一七九、九七八冊，惜兩館均限于人力物力，所收圖書未能及時整理，即保管費用亦不敷甚鉅。

嶺南大學因爲僞廣東大學佔據，並無損失，而反有增加。藏書數量，在廣東可首屈一指，共約三十萬冊。

（卅七年一月十五日草新論評）

十七、廣東圖書教育事業的展望

杜定友

圕是文化學術機關之一，是社會中堅份子的文化園地。我們要建設廣東新文化，其責任在社會上的智識份子，也就是社會上各部門實際負責的人。他們沒有機會再入校求學，也沒有時間再延師攻讀，倘若還想進修的話，那麼唯一的門路，就是圕。

過去我們對于圕，很有些不甚正確的觀念：（一）以圕爲普通閱書報室，但供民衆瀏覽，與中上級人物，無甚關係。因此看低了圕在社會上的地位。（二）以圕是專供學者參考的地方，對于社會上實際工作的人員，沒有什麼需要。因此忽略了，圕在實用上的價值。（三）以圕爲機關衙門之一，爲地方上不可少的點綴品，但求人有我有。因此磨滅了，圕在學術上的性能。圕事業之不能發展，多半受了這些錯誤觀念的影响。

我們要發展圖書事業，首先要打破這種不良的觀念。但是一個觀念的轉變，不能徒託空言，我們要有事實的答覆。社會上要有眞正名副其實的圕，充份發揮圕的功能，才能糾正一般人士的視聽。在現在國家經濟枯竭，百廢待舉時候，我們不敢希期有什麼大規模的計劃。但求實求是，逐步前進。若是一紙通令，限全國各縣市，一律設立圕。這不過是官場中照例文章。於實際上，未能一律進行。即使辦到，也不過是多幾塊照牌而已。

在黨部和學校方面，過去都犯着「重量不重質」的毛病，往往鑄成大錯。故今後對于廣東圖書事業的發展，應愼重將事，寧缺無濫。圖是較高級的學術機關，在人材經濟，兩感不足，文化水準低落的地方，還沒有馬上設立的必要。因爲圖爲專門事業，沒有相當的人材，辦來非驢非馬。沒有相當的經費，反而失其效用。而且圖爲分利機關，其收獲于無形。若是徒有其名，內容空洞，則不如不辦。

我們要推廣圖書事業，第一要考慮人材問題。故訓練人材，實居首要。但是訓練人材，又與用人行政，息息相關。在本省也曾有圖書教育訓練班之舉行，但結業之後，實際從事于圖工作者，不及十之一二。而現任各縣市圖人員，均不問資格，不脫一朝天子一朝臣之惡習。故欲訓練人材，尤應先健全人事制度。凡不合資格者，應一律罷免，然後可以登用專才，並保障其職位。因爲圖的業務，重在積累。如人事紛史，終年在列冊交代之中，那麼館務之弛廢，不問可知了。

其次是經濟問題。圖的購書費辦公費及員額薪津，都有客觀標準可尋。因縣市之大小，而定經費之多少。並應事前確定，各縣市之經濟能力，是否能應付裕如？現在各縣市奉命辦理之事，多如牛毛，但經費無着，不得不敷衍了事，空掛招牌。這種作風，在擴展圖書事業計劃之前，應予徹底改革。如無確定經費，則不如不辦。抑尤有進者，圖爲永久的文化學術機關，斷不能朝令夕改，忽而停辦，忽而復館。凡政治設施，應先固本。原有的機關，應予培植，並充實其內容，擴大其範圍。決不應巧立名目，節外生枝，重床疊架，以耗國帑。

關于藏書問題，各圖應注意內容類別，貴精不貴多，貴用不貴藏。在甲館不甚適用，而爲乙館所需的，尤應互相交換，以盡其用。圖書典籍，汗牛充棟。以有限之經費，應無限之圖書，勢不可能，故要在精選，以切實用。據戰前統計，圖每本書之裝備與編目費用，平均四角七分，多購一本無用之書，等于多耗四角七分，其本身書價，及日後維持費，還不在其內呢。所以購書入藏，不可不愼。

編制方面，如分類編目排字等，各圖均應統一。如圖書分類，可採取三民主義中心圖書分類法，使全省各館圖書，劃一編號，以便出版聯合總目，而利讀者。至若編目之格式，用具之式樣，世界各國，均有標準，不應各自爲計，徒多紛岐，增加讀者檢查上的麻煩。前者圖主持人，多數是門外漢，故多一知半解，以訛傳訛。環顧國內各機關亦多如此。政治之不上軌道，其結癥在此。無論甚麼事，祇要參觀一下，或看一兩本參考書，就可以拿來辦，這樣還需專門訓練入校求學嗎？

至於各館業務，尤應各定範圍，分工合作，各有專藏，編制完備。如省立圖應着重本省文獻，及省政參考資料，以實務研究爲對象，以輔導各縣市圖爲主要任務，而縣市圖，則以供應當地民衆之參考閱覽爲主要任務。凡有圖設立之縣市，則民衆教育館之閱覽部應合併辦理，以求省便。至若各校圖，則以適應教學上之需要 及高深學術研究之參考爲原則。然後各館之藏書業務，方能各有所長，讀者知所去取。在一般經濟困難情形之下，此點更爲重要。

在復員伊始，建國開展之時，圖書事業之推展，仍有待于當局之賢良措置，與專家之愼爲設計。如其空言計劃，不如一點一滴，腳踏實地的做去，這是作者所希望的。

（卅七年二月廣東教育）

十八、廣東方志目錄序

杜定友

我國方志目錄，以朱士嘉所編中國方志綜錄，最爲詳盡。然所列廣東方志，僅三百四十四種，均以戰前國內現存者爲限。其爲民國近年編纂者，多未列入。本館以保存文獻爲職志，對於本省志書，尤銳意搜藏。查本省通志，以明嘉靖黃佐廣東通志初稿爲最古，嘉靖黃佐廣東通志爲最善。府縣志則以南海潘明訓寶禮堂所藏，元大德南海縣志爲最古，北平圖所藏明廣州府志，順德縣志，新會縣志，興寧縣志均爲善本。本館爲徵訪上之需要，先欲求備，特編廣東方志目錄，參攷古今著錄，得志目六百三十三種，較方志綜錄乃倍蓰焉。本館復員之初，僅得二十六縣志，一年以來，苦心徵訪，網羅遺佚，現藏八十八縣志，所缺者僅五縣而已，其中不乏善本，如原刊本之乾隆暴煜香山縣志，精抄本之雍正盧廷俊連平州志，舊抄本之雍正張紹美惠來縣志，原刊本之雍正陳廷海陽縣志，不全本之康熙劉抃饒平縣志，精印本之道光吳應逵鶴山縣志，精抄本之道光三年余滌開建縣志，以上各種皆爲難得孤本，彌足珍貴。然以版刻總數而論，則僅及四分之一，是則仍有待于繼續搜訪也。茲編所列，僅屬府州縣志，其地方中之鄉鎮志，如龍山九江梅菉等，俱未列入。容再編印各縣史料叢目刊行。又茲目注明存缺，以便檢查。末附複本目錄，備作交換之用。深望海內藏家，如有本省志書，爲本館所未備者，割愛移贈，或以本館複本如數交換，俾得完全無缺，實爲忻幸。按志書爲地方史料，於民族興衰風俗美惡，政治經濟，生產文物，關係最大。欲考一方之民史，其必以此爲嚆矢矣！

（卅五年九月九日）

十九、廣東族譜目錄序

徐信符

華夏民族譜牒最重，自古有世本，迄隋唐史志，譜牒之學，蔚爲專門。宋太平寰宇記，特將氏族之辨，采入地理，其重視可知。特近世郡邑志，多無氏族一類，有識之士，引以爲憾。阮文達 嘗爲楊州府氏族表，惜無流傳。全謝山曾編有；上族望表，章實齋永清縣志亦編有氏族表，繆筱珊江陰縣續志師之，乃立氏族志一門，誠重之也。夫郡邑志欲編氏族表，其取材必資各族氏姓譜，然官私藏書，罕及家譜。世族所刊，僅供子姓之藏，罕有公開供人研究，亦非學術爲公之道。況總理建國，注重三民，首推民族主義。合衆多民族之譜牒，愈足徵民族孳生移徙之源流，至如總計人口，研究優生學，尤非廣集族譜不爲功。

近年來江蘇省立國學圖，曾登啓事，徵求海內世族譜牒，北平圖繼之。江蘇國學圖第四年刊，館長柳詒徵至有族譜研究舉例，撰爲專著，誠知族譜庋藏，今日實爲重要。吾粵省立圖 戰前亦會徵求譜牒，惟應者甚少，故儲藏不過十餘種。今天下大亂之後，圖規復。館長杜定友先生百廢具舉，其所徵求鵠的，於本省郡邑志外，極注意各世族譜牒。幸前意大利駐粵領事羅斯，於粵羅兵燹之時，獨能廣爲搜藏，至有數百餘種。後皆爲日人劫奪，杜館長于復員後，留心訪察，始得往港收回，除外省譜牒容待整理外，茲以供各界先覩爲快，都而計之，部數共二百三十九，種類共二百一十一，各姓凡七十一。關于地方凡三十二縣，其所編修，或屬于宋，或屬于元明，或屬于清。爲鈔本而非印本者，至有八十一種之多。經此次變亂後，多由各地鄉祠散出，從前玉牒珍藏，所稱爲子子孫孫永寶用者，一旦飄零播散，令人有數典忘祖之痛，寧不可傷？今幸興滅繼絕，使之集中一處，各姓氏按杜氏漢字形位排檢法編列，極便檢查。倘宗譜既失者，猶得入館重抄，于大亂之後，能知木本水源，其功德實無限量。而有志研究譜學者，亦得考求我粵民族之來源。如各巨族譜系原始，多云自南雄珠璣巷而來，當南宋外族憑陵，其間避敵之情況若何，墾殖之情況若何，又可明瞭先民創業艱難，社會之孳生繁賾，農工商賈之各就所業，以長以發，以成爲村落市集，此亦言社會學人種學者之重要工具也。因此目成，特書其大意于篇首。

（三十五年十二月）

廿、廣東省立圖藏廣東鄉賢著述書目序

徐信符

學術樞機，其重要莫如圖，師學校圖，與地方圖，其性質畧有不同。學校以各種科學為重，地方以各地文獻為重。民國廿八年中央法令修正圖規程，省圖有儲集地方文獻等語。其第一條施教方法，言應發展地方特性。規定工作大綱，其第二章第六條云：省立圖應選購或徵集本省文獻物品。又第三章云：辦理特藏地方文獻，及編撰提要說明。讀部令所頒，可知省立圖與地方文獻關係最大。任是職者，自以辦理特藏，編撰提要，為最重要之工作。本館館長杜定友先生，為圖學專家，其于圖書管理法編目法，久已為世知名。而民廿九年，在曲江復興省圖，受職于危難之際。越數年，幸逢國家勝利，復員旋省，重回廣雅舊館。當此從新建設，千經萬緯，條緒甚繁，而認定與地方關係之重，乃遵部令，設廣東文獻特藏室，亦名廣東史料室。專室既設，銳意搜訪關于文獻之作品，其屬于本省地方縣志，已臻完備，編有專目。本省人氏族譜，又已編有書目。而鄉賢遺著，其重要者已有多數，既已分別部居，列架陳庋；命余編廣東人著述書目。余嗜藏書，平居慕譚玉生黃石溪兩先生，保存鄉邦文獻。對于先哲名著，最好搜藏。今特將館藏各種摘要分別編目。先按朝代，次按地方，不欲依經史子集舊類目，亦不依十分法新類目。因鄉賢所著，未能按類以求，惟有依時代編錄。而歷代鄉賢，又未必人人各有專集。其有搜入彙刻叢書，如廣東文獻嶺南遺書等者，將其作者齊名摘出，與各專著並列。而清代以後，作品繁多，則以地方爲綱。如廣州各縣，肇慶各縣，惠潮高瓊各縣，按其地望，彙爲列目。蓋因文考獻，亦因獻考文，此關係地方特性，編者之微意，卽在于此。至于時人著述山川名勝，地方掌故，機關刊物等，館中所藏種類甚多，異日當另行編錄，陸續印行。書藪無底，玆編特大略椎輪而已。（卅七、四、）

廿一、廣東文献委員會組織辦法

一、本會以保存廣東文獻發揚鄉賢學說建設民族文化爲宗旨

二、本會業務分左列各項

甲、徵集廣東文獻　凡本省人士之著述研討本省之文字及本省境內出版之圖書什誌日報不論片楮隻字均在搜藏之列交由廣東省立圖永久保存以供衆覽

乙、研究本省文物　本省文化在中國爲後起之秀發揚光大實爲吾人應盡之責研究範圍包括本省史地經濟文化教育文學藝術古物風俗等等

丙、傳印鄉賢著述　本省鄉賢著述及粵刻書籍自經戰亂多所蕩佚亟應搜輯遺亡廣事刊布以傳久遠

丁、出版叢書月刊　出版廣東叢書研究專刊定期刊物廣東史料索引廣東文獻目錄廣東人名傳目及本省刊物一覽等以提倡學術風氣提高文化水準

三、本會設委員若干人聘請本省名流學者担任之

四、本會委員大會每年至少舉行弍次

五、本會設常務委員五人由委員互選之負責大會閉會期間一切會務
六、本會得設徵集委員會研究委員會編輯委員會出版委員會辦理各該會務
七、本會得設研究員編輯員若干人辦理經常研究及編輯等事
八、本會設總幹事一人幹事若干人辦理經常會務
九、本會經費除向社會熱心人士捐助外呈請廣東省政府補助之
十、本會會址暫設在文德路廣東省立圖內
十一、本辦法由委員大會通過後施行

註：本辦法由定友草擬，在內政部未頒發各省組織文獻委員會之前。原欲設此公立機構，以輔導館務，與現有之文獻委員會，意義不同，附此以誌雪鴻。

廿二、徵集廣東文獻辦法

第一條　本館爲保存本省文獻利便學者研究起見特設廣東文獻特藏

第二條　徵集範圍如左

甲、書報　凡本省人士之著述討論廣東之文字及本省境內出版之刊物不論油印版印全篇散帙或中西新舊刊本抄本均在徵求之列例如

一、書本　二、雜誌　三、日報　四、報告　五、冊籍　六、表格　七、卷軸　八

、其他

乙、圖片　凡有關於本省之文物制度風土人情語文古蹟地方製作如

一、圖畫　二、照片　三、碑誌　四、拓片　五、檔案　六、譜牒　七、傳單　八、標帖　九、板片　十、唱片　十一、影片　十二、其他

第三條　各件如有複本請惠二份以便以一份公開陳列以供衆覽一份專庫保存以垂久遠

第四條　捐贈人請留姓名地址以便專函申謝並錄籍登記以留紀念

第五條　不便捐贈者得由本館備價照購或以出版刊物交換或借由本館抄存

第六條　本館收到各件均專編目錄公為珍藏並另編廣東文獻索引以便參考

第七條　凡重要史料善本孤本經本館得編印特輯以廣流傳

第八條　廣東文獻索引及特輯編印辦法另訂之

註：按本省自另設廣東文獻館後，本館廣東文獻特藏，即改稱廣東史料室

廿三、廣東文献索引編輯大綱

一、本館為保存本省文獻便利學者研究起見特編廣東文獻索引

二、本索引分甲、乙、丙、丁、四部

甲、廣東史料　凡古今中外圖籍雜誌報章有關於廣東之記載不論全篇斷簡圖片表格分別編製索引依

類編列以便參攷

乙、鄉賢著述　凡本省人士之著述單行出版或見諸歷代藝文史志及圖書目錄者每種編製索引以便徵存

丙、名人傳目　凡本省人士其姓名見於史傳或各種譜錄者記其生卒籍貫所見傳錄編製索引以便檢查

丁、本省刊物　凡本省境內出版印刷之圖書雜誌日報圖片等每種編製索引以便存查

三、本索引根據左列材料編輯之

（一）書籍　凡單行本叢書冊籍不論已刊未刊統在編製之列

（二）期刊　凡雜誌日報論文剪裁不論定期不定期統在編製之列

（三）圖片　凡圖片照表格譜牒檔案傳單拓片唱片影片等屬之

四、本索引編輯材料不以館藏為限凡本館所闕者得向其他機關借鈔傳錄或根據書目編製

五、本索引內容分左列三目

（一）書名目錄　包括書名篇名譜名等

（二）人名目錄　包括著者編者原名別號及人名傳目等

（三）類名目錄　包括書籍論文剪裁圖片之內容種類名稱等

以上各種目錄凡有異名同名或一書可入數類者均分別製卡

六、本索引各種目錄按甲、乙、丙、丁四部分列所有書名人名類名卡片照字順排列以便檢查

七、本索引每年出版一次分甲乙丙丁四部每五年彙刊一次

八、本索引內如有關於本省重要史料孤本舊聞得另編特輯以廣流傳

九、本索引編輯工作由　館長在館員中指派之

十、本索引編輯細則另訂之

（卅年十一月訂）

附　廣東文獻索引編輯細則

第一章　總則

一、本細則之訂立係根據本索引編輯大綱第十條之規定

二、本索引分甲、廣東史料。乙、鄉賢著述。丙、人名傳目。丁、本省刊物。

三、本索引之進行程序分選材登記製卡校卡排卡校排繕稿校稿送印校印等

第二章　選材

一、合於本索引甲乙丙丁之任何一部或全部之材料即在被選之題目上加蓋部別印記並於原書刊底封面角上蓋該部之印記

二、只選書刊中之一份部材料者須另製卡登記其刊名卷期出版年月日

三、被選索引書刊均錄全名如僅選索書刊中一部份之材料時製卡時須注明該項材料載存書刊名稱該書刊名稱在四字以下者用原名以上者用簡名並製互見卡

四、被選之題目有詞句重複或不清楚時須略加修改

五、被選之題目除論文外所有地圖圖書日報雜誌小冊傳單等名後各註(圖)(書)(報)(誌)(冊)(單)等字

六、被選索之書刊有二名時用常見之名其不常見者製互見卡

七、書名前之修正改訂(……)等字樣須加括弧

八、著撰述作編纂校譯以及口講筆記之人均稱著者

九、著者後之著撰述作等字刪去留編纂校譯……等字並加・號

十、著者一人以上時以第一人為著者餘為副著者另製副著者卡

十一、著者二人時於二名間加「與」字以後一人為副著者另製副著者卡

十二、著者為二人以上時寫出第一二人名後加「等」字以第二及其餘之人為副著者另製副著者卡若干

十三、每一題目視其內容性質給予一或一以上之概括適切之名詞為標題

十四、所用標題如用題目前數字同者省用該標題

十五、每條索引所應著錄之事項為一、書名　二、著者　三、出版項、(1)地點(2)機關(3)冊價(4)日期四、備註

十六、各部材料之選擇由一人總其成視材料內容之繁簡交由其他人員分選分別製卡

第三章　著錄

一、書名卡

書名自第一行（橫紅綫上）書名綫（縱紅第二綫）起寫

著者自第二行（橫紅綫下）著者綫（縱紅第一綫）起寫

出版項（1）（2）自第三行（3）第四行（4）第五行書名綫起寫

備註自第六行書名綫起寫

以上各項目如有缺少寫時不必留空可緊接上行起寫

二、著者卡

著者自第一行著者綫起寫

餘同書名卡

三、副著者卡

副著者自第一行著者綫起寫

著者自第二行著者線起寫

四、標題卡

標題自第一行書名綫起寫

書名自第二行書名綫起寫

著者自第三行著者綫起寫

餘同書名卡

五、被選索之題目如爲書刊中之論文著錄時應將各卡出版項變爲載存書刊名稱加卷期數如下式

載存書刊名稱自第三行書名綫起寫

卷期頁數接載存書刊名稱空一字起

載存書刊如爲日報時應變卷期爲版期書寫方法與書刊同

出版期自第四行書名綫起寫

餘同上列各卡

六、每條題目與書名卡一著者卡一副著者卡若干標題卡若干

七、題目之性質既合於甲又合於乙或四部均合者須按部分製各種卡片

八、各種卡片繕就後夾入原書刊內逐日送交校對人員點收

九、校對人員將每日收到之書卡按規定項目格式逐一校對錯誤不合之處隨即改正發交原繕人員重繕

十、校對既合於甲又合於乙或四部均合之卡應於各卡之左下角分別蓋印各該部印記

十一、凡經校對無誤之卡應分部置放并原書於刊底封面左或右下角該部印記下蓋「已選索」印記將卡片

點交排卡人員將書刊送還書庫

第四章　編列

一、凡經抄繕校對無誤之卡應分甲乙丙丁四部分別排列其排列之法依字順照漢字形位排檢法混合排列

二、每年自十二月起將各部卡片詳細校排分別錄稿

第五章　統計

一、材料之統計按圖書誌報册傳單論述分類分目

二、製卡之統計按人按日分部分目

第六章　輯印

一、每年年底出版一次各部分印分訂及分印合訂

二、專題索引視材料之多寡隨時輯印

三、各部索引除每年出版一次外五年彙印一次

第七章　附則

一、本細則如有未盡事宜由編抄本索引各級工作人員隨時提供意見呈請　館長修改

廿四、廣東鄉賢著述書目

類次

甲、總集
乙、別集
一、唐代名著
二、宋代名著
三、明代名著
四、清代名著
五、各府縣名著
六、寓賢名著

甲、總集

一、廣東文獻四十四卷　順德羅學鵬　嘉慶刊本(10/685)
初集：張文獻公曲江集　曲江張九齡(1/2)崔淸獻公菊坡集　增城崔與之(2)。李忠簡公文溪集番禺李昂英（3）。陳文恭公白沙集　新會陳獻章（4）。湛文簡公甘泉集　增城湛若水（5）。邱文莊公瓊臺集　瓊山邱濬（5）。梁文康公鬱洲集　南海梁儲（6）。海忠介公備忘集　瓊山海瑞（6）。南園前五子：孫西庵集（7）王聽雨集（7）李易菴集（7）黃雪蓬集（7）趙臨清集（7）。南園後五子：歐崙山集（8）梁蘭汀集（8）梁瑤石集（8）李青霞集（8）吳蘭皐集（8）（附）就正集羅學鵬著（8）。

二集：余襄公武溪集　曲江余靖（9）。陳忠烈公岩野集　順德陳邦彥（10）。陳忠烈公中興政要（11）。鄺中翰嶠雅集　鄺露（12）。鄺中翰赤雅集　鄺露（13）黎烈愍公蓮鬚集　番禺黎遂球（14）。韓節愍公月峯集（14）。潘郡博廣州鄉賢傳　潘楳元（15）。粵列郡名賢錄（16）。

三集：李徵君抱眞集　順德李孔修（17）。霍文敏公渭厓集　南海霍韜（17）。黃文裕公泰泉集選　香山黃佐（18）。黃文裕公庸言約選　香山黃佐（19）。楊文懿公復所集　歸善楊起沅（20）。龐曲靖弼唐集　南海龐嵩（22）。葉氏部石洞集　歸善葉春及（21）。寶安五帥：何忠靖公詩集　寶安何眞（22）。羅都憲公詩集　東莞羅亨信（22）。盧都憲公行案集　東莞盧祥（22）。彭部憲公詩集　番禺彭誼（22）。袁經畧詩文集　東莞袁崇煥（23）。龐惠敏公百可亭集　南海龐尙鵬（23）。葉太保詩文集　歸善葉夢熊（23）。李忠定公松柏軒集　南海李待問（24）梁侍御偶然堂集　順德梁元柱（24）。

四集：莫狀元集　封川莫宣卿（25）。鄭僕射集　番禺鄭愚（35）。鄧太學集　翁源鄧謁（25）。

蘇神童集　惠來蘇福（25）。陳少宗集　東莞陳璉（25）。祁方伯集　東莞祁順（25）。倫四元集（25）。倫文叙遷岡集　倫以諒石溪集。倫以訓白山集　倫以詵穗石集。袁大參莞沙集　東莞袁昌祚（26）。尹太僕集　東莞尹瑾（26）。袁尚寶及春草堂集　東莞袁崇友（26）。袁氏五公集（26）。了庵公集　雪蘿公集　袁友仁。竹庭公集　袁秉中　忠清公集　袁士鳳。溫溪公集　袁鄭　唐徵君主一集　順德唐璧（24）。羅司勳原子集　順德羅虞臣（27）。韓比部雲鴻集　番禺韓殷（28）。陳丞郡南墅集　順德陳如侯（28）。謝大田抱膝居集　番禺謝與思（28）。區太史海目集　高明區大相（28）。何徵君不去廬集　順德何絳（28）。歐明經自耕軒集　順德歐主遇（29）。清初七子集　王邦畿耳鳴集（30）。程可則海日集　陳恭尹獨漉集。方殿元九谷集　方還靈洲集。方朝勺園集　梁佩蘭六瑩集。鳳城五子集　余錫純語山堂集（31）。陳份水鄉集　羅天尺癭暈山房集。梁麟生藥房集　嚴大昌不窺園集。何監州匏芳園集　南海何夢瑤（32）。馮緒雲大埜集　南海馮慈（32）。黎射洪端州小草　順德黎偉光（32）。胡孝廉賜書樓集　順德胡亦常（32）。陳茂才石緣詩鈔　香山陳官（32）。潘徵君深柳集　順德潘文因（32）

二、嶺南遺書　南海伍崇曜輯　伍氏文字歡娛室刊本 10/341

第一集：雙槐歲鈔十卷　明黃瑜（1—3）。廣州人物傳二十四卷　明黃佐（4—7）。翰林記二十卷　明黃佐（8—11）。革除遺事節本六卷　明黃佐（12）。春秋別典十五卷　明薛虞畿（13—15）。百粵先賢志四卷　明歐大任（16）。

第二集：劉希仁文集一卷　唐劉軻（17）。理學簡言一卷　宋歐仕衡（17）。平定交南錄一卷　明邱濬（18）。白沙語要一卷　明陳獻章（18）。甘泉新論一卷　明湛若水（18）。元祐黨籍碑考一卷明海瑞（18）。疑耀七卷　明張萱（18/21）。海語一卷　明黃衷（21）。郭給諫疏稿二卷　明郭尚賓（22）。算迪八卷　清何夢瑤（23/31）春秋詩話五卷　清勞孝輿（32）。

第三集：崔清獻公集五卷　宋崔與之（33）。崔清獻公言行錄　宋李肖龍編（34）。羅浮志十卷　明陳璉（34/36）。龐氏家訓一卷　明龐尚鵬（37）。小學古訓一卷明黃佐（37）。昭代經濟言十四卷　明陳子壯（38/43）。周易爻物當名二卷　明黎遂球（44/45）。正學續四卷　清陳遇夫（46/47）。史見二卷　清陳遇夫（48）。迂言百則一卷　清陳遇夫（48）。

第四集：周易本義注六卷　清胡方（49/54）。賡和錄二卷　清何夢瑤（55/56）。救荒備覽四卷　清勞潼（57）。周易畧解八卷　清馮經（58/61）。群經互解一卷　清馮經（61）算畧一卷　清馮經（61）。周髀算經述一卷　清馮經（61）。粵臺徵雅錄一卷　清羅元煥（62）。重訂三家詩拾遺十卷　清范家相（63/64）。

第五集：楊議郎著書一卷　漢楊孚（65）。異物志一卷　漢楊孚（65）。交州記二卷　晉劉欣期撰　清曾釗輯（65）。始興記一卷　宋王韶之撰　清曾釗輯（65）。潛虛述義四卷　宋司馬光撰　清蘇天木述（69/67）。五山志林八卷　清羅天尺(68/70)。測天約述一卷　清陳昌齊（71）。呂氏春秋正誤一卷　清陳昌齊（71）。楚辭辨韻一卷　清陳昌齊（71）。袁督師事蹟一卷闕名（72）。嶺南荔枝譜六卷清吳應逵（73）。南漢紀五卷　清吳蘭修（74）。南漢地理志一卷　清吳蘭修（75）。南漢金石志一卷　清吳蘭修（75）。端溪硯史三卷　清吳蘭修（76）。粵詩蒐逸四卷　清黃子高輯（77）。春秋古經說二卷　清侯康（78）。穀梁禮證二卷　清侯康（78）。補後漢書藝文志四卷　清侯康（79）。補三國藝文志四卷　清侯康（80）。

第六集：毛詩通考三十卷　清林伯桐（81/82）。毛詩識小三十卷　清林伯桐（83/84）。虞書命羲和章解一卷　清曾釗（85）。蠡勺編四十卷　清凌揚藻（86/95）。紀夢編年一卷　清釋成鷲（96/97）。

三、粵東十三家集　南海伍崇曜輯　詩雪軒刊本10/929

文溪集二十卷　宋李昴英（2/3）。秋曉先生覆瓿集四卷　宋趙必瑑（4）。九峰先生集三卷　宋區仕衡（5）。李蟄部前集七卷　明李時行（6/8）。瑤石山人詩稿十六卷　明黎民表（9/11）。區太史詩集二十七卷　明區大相（12/15）。陳文忠公遺集十一卷　明陳子壯（16/17）。中洲草堂遺集廿六卷　明陳子升（2325）。蓮鬚閣集二十六卷　明黎遂球（18/22）。九谷集六卷　明方殿元（26/28）。六瑩堂集十七卷　清梁佩蘭（29/32）。大樗堂初集十二卷　清王隼（33）。雲華閣詩畧六卷　清易宏（34）。抄亭詞鈔一卷　清易宏（35）。

四、學海堂叢刻　光緒丁丑丙戌兩次廣州學海堂刻本54/655—3

石畫記五卷　阮元（1.2）。供冀小言　林伯桐（3）。聽松廬詩畧二卷　張維屏（4）。續三十
五畢　黃子高（4）。讀律提綱　楊榮緒（5）。桐花閣詞鈔　吳蘭修（5）。周禮注疏小箋四卷　曾
釗（6/7）。面城樓集鈔四卷　曾釗（8/9）。磨甋齋文存　張杓（10）。止齋文鈔二卷　馬福安（11
）。樂志堂文略四卷　譚瑩（12/13）。是汝師齋遺詩　朱次琦（14）。

五、繡詩樓陳氏叢刻　饒平陳步墀子丹編59/272

宋台集　陳步墀59/272.8 半讀堂文存八股文陳步墀59/272.3。繡詩樓詩九卷陳步墀59/272。雙溪詞
三卷　陳步墀59/292724。十萬金鈴館詞　陳步墀59/272—11。茅茨集二卷　陳步墀59/272—5。淵源集
陳步墀　內日山先生集。許振　介珊先生遺墨　許之挺56.9/87。冊家尺集　陳子丹輯59/272—10。尺素
三編　陳子丹輯59/125。歲寒堂壽言　陳子丹六十開一壽序59/272—6。楊氏詞四種　番禺楊其光。花笑
詞　蘋月詞　歸步隱餘　錦瑟哀詞　居少楠先生遺稿　番禺居鍊59/779。燕伯瑤先生遺稿　一海聲　二
鐵帚集59/659。小桐川詩[illegible]五卷　澄海王封仁59/273.2。嶺南三先生遺翰　陳巖野　陳獨漉　鄺湛若
蕭遯愚翠妙　心影詞　劉伯端63.9/369.2。

六、廣東文徵八十一卷　吳道鎔　民十六年　稿本八〇冊　番禺張

學華太史惠贈10/659

第一類敕制誥命：張九齡十七首余靖四首邱濬五首梁儲一首王宏誨二首李孫宸一首張家玉二首程可則一

首

第三類上書表啓狀：趙佗二首韓胡一首寧原梯一首張九齡三首石文德一首余靖三首李昴英一首簡紹英一首吐佐一首邱濬一首倫文叙一首羅欽臣一首林大春一首歐大任一首洪錫祚一首陳邦彥一首汪琭一首

第三類奏疏：陳元二首楊孚二首張九齡三首張恕一首劉瞻一首黃損一首余靖十五首李大性一首崔與之二首李昴英十一首區仕衡二首陳獻章一首王佐一首邱濬七首

第三類奏疏：黃瑜一首張善昭一首林光一首蕭龍一首梁儲八首陶魯二首張璁一首湛若水八首鍾曉三首王綸十首袁崇友二首

第三類奏疏：唐胄六首陳志敬一首方獻夫五首黃重一首劉文瑞一首張溪三首霍韜六首

第三類奏疏：霍韜十八首王漸逵一首侃一首黎貫四首彿文憲一首

第三類奏疏：黃佐四首梁世驃三首林大典一首翁萬達三首潘大賓一首戴銑一首羅虎臣一首王希文一首何維柏二首何彥二首陳紹儒二首譚大初一首鄭廷鵠一首蕭端蒙二首陳一松一首李价一首海瑞七首林大春一首

第三類奏疏：葉春及四首龐尚鵬十一首李邦義一首張大猷一首岑用賓三首葉夢熊四首陳吾德二首王誨宏五首姚光泮一首譚清海一首陳一敎一首李學一一首陳堂三首

第三類奏疏：周光鎬二首林培三首唐伯元一首楊起元一首毛學曾四首曾象乾二首林熙春三首謝正蒙四首劉景辰二首區大相二首區大倫一首何熊祥三首趙應元一首馮奕垣四首

第三類奏疏：潘濬一首李待問一首郭尚賓二首黃公輔一首李孫宸一首袁崇煥十二首陳子壯一首朱實蓮一首梁元柱一首郭之奇三首辜朝薦一首胡平運一首謝元汴二首張家玉二首陳邦彥二首陳恭尹一首

第三類奏疏：程可則一首黃易一首陳璜一首莊有恭一首顏檢二首何文明一首趙希璜一首鄭士超一首著黎攀鏐二首駱秉章十首

第三類奏疏：蘇廷魁一首梁同新四首羅惇衍九首梁綸樞二首馮譽驥二首黃經一首何曰愈一首何璟四首朱次琦一首桂文燦一首許應騤二首

第三類奏疏：丁日昌十一首鄧華熙二首李文田三首

第三類奏疏：鄧承修十一首劉錫鴻二首曹秉濬一首楊頤二首何如璋一首區德霖一首戴鴻慈三首梁鼎芬五首陳伯陶一首陳慶桂四首丁仁長三首康有爲二首

第四類策議：張九齡一首張仲芳一首馮元二首張鎮孫一首邱濬一首祁順一首倫文敘一首劉存業一首趙善鳴一首崔韶一首張詡二首黃佐五首翁萬達一首

第四類策議：陳建七首潘楷二首薛綸二首林大欽二首陳紹儒三首譚大初一首蕭端蒙一首葉春及二首龐尚鴻一首

第四類策議：葉夢熊二首王宏誨一首馮恩泉二首尹瑾一首湯敬升一首袁崇友二首馮奕垣一首崔奇觀一首朱國泰一首黎遂球三首郭之奇一首陳詩一首謝元忭一首陳邦彥四首彭玕二首黎景義一首何絳一首

第四類策議：方殿元一首黃士龍一首李象元一首唐化鵬二首陳昌齊一首凌揚藻一首梁汝瑺二首陳澧五首

何如璋二首譚宗浚一首陳伯陶一首

第五類書：張九齡三首劉軻七首歐陽獻可一首李昴英一首區仕衡二首趙必瑑九首梁翃二首趙梅南一首羅顯韶一首陳獻章六首祁順二首林光三首張詡一首黃衷一首鍾芳一首霍韜九首

第五類書：張溯一首王漸逵四首薛侃二首楊天祥一首黃佐二首翁萬達四首羅虞臣五首林大欽五首何維柏四首譚大初一首李時行三首韋熙一首海瑞二首林大春十四首胡庭蘭一首龐尚鵬五首霍與瑕一首蒙詔一首

第五類書：郭棐三首歐大任一首鄭用淵一首葉夢熊一首劉鴻漸一首周光鎬一首袁昌祚二首陳履二首唐伯元九首祁衍曾三首馮奕垣二首陳昌歷一首尹遂祁一首黃公輔一首袁崇煥一首陳子壯一首霍尚守三首黎遂球四首陳是集一首鍾丁光六首張家玉一首歐必元一首

第五類書：梁佩蘭二首方殿元一首陳遇夫一首黃栻一首廖燕五首胡方一首林明倫八首顏鳴漢一首趙希璜二首勞潼二首李世芳二首龍廷槐二首招元傳一首謝蘭生二首

第五類書：陳在謙四首黃培芳一首吳蘭修五首張岳崧三首彭泰來三首黃釗一首馬福安二首桂文燿一首楊懋建一首陳澧五首林廷式一首張其翻四首楊廷桂一首梁廷枏一首

第五類書：金錫齡三首何若瑤一首朱次琦五首丁杰一首丁日昌四首陳璞二首李光廷一首林彭年一首梁金韜二首何如璋二首譚宗浚一首廖廷相一首梁鼎芬二首陳伯陶一首林國賡二首趙天錫一首朱啓連三首丁惠康二首今無一首道獨二首

第六類論辨攷解說：十原卅六冊余靖七首李昴英一首黎貞一首陳獻章六首王佐四首邱濬四首邱敦二首黃
畿一首祁順二首林光一首湛若水五首唐胄二首方獻夫一首霍韜一首王漸逵一首薛侃

第六類論辨攷解說：十黃佐十七首袁郵一首翁萬達四首羅虞臣二首林大欽二首龐嵩一首李時行二首海瑞
三首胡庭蘭三首韋憲文三首龐尚鵬一首郭棐一首歐大任三首

第六類論辨攷解說：十龐一夔一首葉夢熊一首李學一一首夏宏七首周光鎬一首唐伯元二首龐一龍一首楊
起元五首張萱十一首區大相二首韓上桂一首馮昌歷一首區懷雲三首馮奕垣二首韓日纘二首李孫宸二
首

第六類論辨攷解說：十黎遂球八首陳詩二首謝元汴一首歐必元一首陳恭尹一首王鳴雷二首方國華一首廖
衷赤二首庾樓一首彭釬二首黎景義四首鄺露一首屈大均一首師始享二首薛起蛟廿二首

第六類論辨攷解說：十程可則二首車騰芳三首廖燕七首黎偉光一首楊仲興一首胡方二首勞孝輿一首曾受
一一首勞潼一首黃桂覺一首趙希璜一首溫汝适一首邵詠一首葉鈞一首吳應逵一首談樵一首仇巨川一
首溫瑞柏二首林伯桐七首佘菁莪三首

第六類輪辨攷解說：十陳在謙二首黃培芳三首張杓二首吳蘭修四首張岳崧三首彭泰來二首鄭灝若一首溫
驄一首黃釗一首淩揚藻二首黃大幹五首梁傑一首鄧淳三首張維屏十二首

第六類論辨攷解說：十溫訓五首曾釗五首黃子高一首馬福安二首楊懋建一首吳文起一首陳澧八首張其翻
四首梁廷枏十首

第六類論辨攷辯說：：十侯康二首侯度二首金錫齡五首李能定三首徐台英二首何若瑤一首梁國珍三首袁梓
貴一首
第六類論辨攷說：：十何曰愈五首丁杰三首黃以宏三首楊文燦一首，樊封一首胡調得二首潘繼李二首易其
霈二首劉天惠一首李光廷二首陳銘珪一首馮焌光二首林達泉二首張晶楨四首徐灝五首汪瑔七首
第六類論辨攷解說：：十鄒伯奇十六首鄒仲庸一首德齡一首趙齊嬰三首高學燿一首
第六類論辨攷辯說：：劉昌齡二首唐光瀛一首梁金韜一首何如璋一陳首瀚一首王國瑞五首譚宗浚三首潘珍
堂一首潘乃位一首
第六類論辨攷解說：：十鄺廷相一首陳伯陶二首沈桐二首陳宗潁一首林國賡一首林國替一首溫仲和四首羅
傳瑞一首范公詒一首饒軫一首陶邵學二首陳樹鏞四首吳宣崇一首丁惠康一首白玉蟾一首袁了凡一首
第七類序十：：張九齡三首趙得一首劉軻一首余靖三首譚粹一首崔與之一首李英四首李春叟一首孫蕡一首
陳璉一首李齡二首陳獻章八首邱濬十四首黃瑜一首黃畿一首祁順三首林光二首黎遂一首梁儲三首張
詡四首霍韜伍首
第七類序：：湛若水十四首鍾曉二首王縝一首黃衷十五首唐胄四首方獻夫二首陳錫一首鍾芳三首霍韜九首
張潮七首倫以訓一首王漸逵三首薛侃二首蕭與成六首倫以諒一首
第七類序：：黃佐廿三首潘光統一首李義壯七首薛僑一首翁萬達四首岑萬一首陳建二首羅虞臣四首林大欽
一首黎民表一首龐嵩七首

第七類序：何維柏一首何彥三首冼桂奇一首陳紹儒一首鄭廷鵠一首黃城二首李時行一首蕭端蒙四首章熙一首陳一松一首海瑞六首羅兆鵬一首梁有譽八首林大春九首胡庭蘭二首葉春及九首王天性三首潘大行一首黃在袞一首陳萬言一首陳兌侯一首梁栩一首岑用賓一首詔一首

第七類序：郭棐十二首歐大任十一首葉夢熊一首陳吾德四首王宏誨六首薜虞畿一首劉鴻漸二首陳堂二首周光鎬十二首

第七類序：袁昌祚十一首黎邦炎二首陳履五首唐伯元四首祁衍曾三首高為表一首楊起元四首王學曾一首金節二首陳光顯一首謝與思一首張萱十三首馬夢吉二首尹守衡一首鄧宗齡一首林承芳三首

第七類序：區大相七首區大倫二首韓上桂三首黎許一首趙應元一首袁崇友二首鄧雲霄七首馮昌歷一首尹遂祈二首黃儒炳三首韓日纘六首李孫宸四首林枝僑一首陳子壯四首林挺二首張鳴韶一首霍尚守三首鄺教復二首黎遂球七首區懷年一首

第七類序：郭之奇一首陳是集二首陳詩一首羅萬傑一首李楩一首黃鶴仙一首梁朝鍾一首關元忭一首張家玉一首歐必元一首陳邦彥二首陳恭尹六首王邦畿一首王鳴雷三首王隼一首林梟一首彭釬一首黎景義三首鄺露三首黃一淵二首屈大均十一首

第七類序：程可則三首梁佩蘭五首李作楫一首余象斗一首陳鑑三首陳衍虞二首方殿元一首陳遇夫七首屑陳棃一首李象元一首陳璸二首汪後來一首車騰芳一首梁無技一首易宏一首勞燕六首黎偉光一首衞廷珙一首李瑄朗一首楊仲興八首何夢瑤二首胡方五首勞考輿一首嚴大昌一首何霦一首

第七類序：鄭大進一首羅天尺六首鄭之僑二首曾受一一首蘇珥一首莊有恭一首馮成信一首何毅夫一首林明倫八首凌魚一首黃紹統二首關騶文一首胡定二首勞潼三首馮城一首馮經一首陳昌齊四首鄭安道一首胡亦常一首馮敏昌三首何文明一首趙希璜一首陸樹芝一首李符清一首溫汝适四首溫汝能三首龍廷槐一首邵詠二首吳應逵一首談樵二首仇巨川一首繼元煥一首陳仲鴻一首

第七類序：宋湘二首吳榮光四首劉彬華一首林伯桐一首謝蘭生六首金菁茅一首陳在謙三首黃培芳三首李黼平二首李清華一首張杓二首吳蘭修二首張岳崧三首吳懋清一首彭泰來二首譚敬昭三首黃釗一首馮龍官二首羅學鵬三首凌揚藻二首陳曇一首黃大幹一首趙古農二首尹光五一首張滋二首鄧淳五首羅文俊一首

第七類序：林召棠二首張維屏四首溫訓一首曾釗五首林聯桂一首陳其錕一首黃子高一首馬福安一首楊懋建一首陳澧七首張其翻一首楊廷桂二首梁廷枏二首侯康一首龍元僖一首徐榮一首陳良玉一首朱士琦一首楊炳南一首何若瑤一首馮譽驥一首朱次琦二首何仁山二首桂文燦三首丁日昌三首許玉彬一首李中培一首黃子健一首陳希獻一首

第七類序：陳璞四首李光廷三首陳銘珪二首葉衍蘭一首李文田一首梁僧寶歐樾華一首汪瑔一首鄒伯奇二首陳士龍十首趙齊嬰一首曹秉哲一首廖鶴年一首梁金韜一首何如璋一首王國瑞三首石德芬一首謝國珍一首譚宗浚三首孔廣陶一首廖廷相六首陶福祥一首黃遵憲二首

第七類序：陳伯陶二首林國賡一首林國贊一首溫仲和一首趙天錫一首黎佩蘭一首凌步芳五首張德瀛一首

范公詒一首陶邵學四首康有爲二首簡朝亮六首謝雲龍一首朱啓連五首莫啓智一首吳宣崇一首林鶴年一首美惇融一首陶昱二首函可二首光鷲四首今無二首

第八類跋：陳申二首李昴英三首朱寀一首區仕衡一首黎貞二首羅亨信一首陳獻章一首霍韜一首倫以訓一首黃佐二首袁鄴一首譚大初一首海瑞一首郭棐三首歐大任一首王宏誨一首蔡虞賓一首唐伯元一首楊起元一首張萱四首尹遂祈一首韓日纘一首陳詩一首屈大均二首

第八類跋：程可則三首陳遇夫二首李象元一首廖燕二首楊仲興一首何夢瑤一首胡定一首馮敏昌四首溫汝能一首吳應逵一首林伯桐二首招元傳一首金菁莪一首陳在謙一首黃培芳一首張杓一首吳蘭修二首彭泰來二首陳曇一首凌揚藻三首黃芝一首陳且一首張維屏一首溫訓一首曾釗五首梁梅一首黃子高二首楊懋建一首

第八類跋：陳澧四首儀克中一首孟鴻光三首張其翻一首梁廷枏一首侯康五首金錫齡二首廖亮祖二首譚瑩二首袁梓貴一首朱次琦一首桂文燦一首陳璞一首李光廷三首馮竣光四首李文田一首潘存一首張品楨一首鄒伯奇一首黎永椿一首梁金韜一首石德芬一首

第八類跋：譚宗浚三首廖廷相三首黃遵憲一首陳伯陶三首沈桐一首楊裕芬一首陳宗穎一首林國賡二首林國賁一首潘仲和一首羅傳瑞一首范公詒二首陶邵學二首朱啓連三首簡朝亮一首陳樹鏞一首吳宣崇一首光鷲一首今無一首[illegible]洪禱一首

第九類記：張九齡一首[illegible]輞[illegible]首韋昌明一首鍾允章一首古成之一首許申一首余靖十首王陶一首丁璉一首

侯晉升一首龔暐一首李修一首石汝礪一首張勵一首廖顒一首張宋卿一首陳宗諤一首王中行二首蒙天民一首崔與之一首許巇二首梁該一首吳純臣一首李昴英八首吳文震一首屈竦一首陳大震二首翟龕一首李春叟二首陳庚一首曾宋珍一首侯圭一首阮泳一首徐心遠一首趙孟傑一首陳穎一首陳光大一首黎貞七首

第九類記：孫蕡二首何子海一首梁敏一首黃子平一首梁致育一首羅亨信一首李齡一首袁衷二首鄭敬一首陳獻章七首王佐四首邢宥一首邱濬五首林光一首梁儲一首鄭積一首張詡一首胡濂一首蘇葵二首陶魯一首倫文叙一首陳文輔一首湛若水十首黃衷二首嚴遂一首唐冑二首方獻夫二首方渠一首劉雄一首鍾芳二首霍韜二首

第九類記：王大與一首張潮一首陳岳一首倫以訓二首王漸逵一首薛侃一首陳大器一首劉士奇一首倫以諒一首黃佐七首黃扆一首姚文粹一首李義壯四首謝邦信一首李德貞一首王希文二首許炯一首薛雍一首林大欽一首黎民表三首龐嵩一首何維栢三首饒相一首盧夢陽三首譚大初四首何其厚一首李時行二首吳守貞一首韋熙二首嚴文輔一首陳一松一首海瑞一首林大春一首胡庭蘭三首陳一敬一首

第九類記：葉春及二首周吉造一首陳萬言二首蒙詔一首郭棐一首龐一夔一首葉夢熊三首王宏誨一首李一廸一首葉懋一首朱士讚一首李燾二首陳大猷一首袁昌祚三首陳履一首林培二首蔡存仁一首唐伯元六首周宗禮一首宗祁衍曾三首龐一德一首楊起元二首王學曾一首曾象乾二首吳國光二首謝與典二首張萱一首李元暢一首黃仕鳳一首林朝鑰一首林承芳一首徐兆魁一首鄧光祚一首區大相一首區大倫二首

鄧雲霄四首區縉一首李待問二首韓日纘一首陳熙昭一首陳子履一首葉廷祚一首

第九類記：陳子壯一首何吾騶一首劉克平一首林挺一首霍尚守二首劉相一首伍瑞隆一首黎遂球六首區懷瑞三首李士淳二首王應華一首易其際一首龍大維一首陳詩三首梁朝鍾一首歐必元四首王鳴雷五首鄺露三首張穆二首屈大均三首何絳一首薛始亨二首

第九類記：尹源進四首李作楫一首屈騶一首洪泮洙一首方殿元一首湯命變一首李師錫一首龔章一首陳金闓一首鄭際泰一首吳紹宗一首陳遇夫三首李象元一首陳夔三首許登庸一首車騰芳二首廖燕五首羅宸一首顏希聖一首衛廷璞一首楊仲興五首韓海一首李東紹二首胡方二首勞孝輿一首楊世達一首楊節一首

第九類記：鄭大進二首羅天尺一首莊有恭二首馮成修一首何毅夫一首林明倫三首凌魚二首黃如栻一首王時宇一首陳昌齊三首鄭安道一首簡榮一首馮敏昌一首莫元伯一首李符清二首龍廷槐一首邵詠三首葉鈞一首吳應逵二首呂堅一首溫承恭一首溫瑞柏二首莫紹悳一首吳榮光一首崔弼一首謝蘭生二首陳在謙二首黃培芳一首梁烱一首張杓一首趙均一首朱程萬一首

第九類記：彭泰來三首陸殿邦一首黃釗一首榮光泰一首馮龍官一首凌楊藻一首宋湘一首鄧淯三首羅文俊一首曾望顏一首張維屏二首溫訓四首曾釗二首馬福安二首朱次琦一首丁日昌一首陳夢照一首梁汝璠一首陳璞二首曹秉濬二首王國瑞二首石德芬一首李積一首陳伯陶三首邱晉昕二首汪非銓一首曾習經一首逢辰江二首簡朝亮一首熙璣一首光鷟四首今無一首白玉蟾三首鄒師正一首江本源一首

第十類碑：郭蒼一首陳集原一首張九齡一首余靖一首李渤一首陳宗謂一首邢夢璜一首謝應子一首羅亨信一首邱濬一首張詡一首黃衷一首倫以訓一首黃佐二首鍾卿一首何維柏一首林大春四首陳萬言一首鄭旻一首李茂魁一首郭棐一首王宏誨四首陳堂一首周光鎬一首袁昌祚一首袁應文一首鄧宗齡一首林承芳一首鄧雲霄一首馮奕垣一首黃儒炳一首黃士俊二首韓日纘一首陳子壯一首張鳴韶一首凌雲一首

第十類碑：陳衍虞一首黃士龍二首龔章一首易宏一首凌魚一首陳昌齊一首馮敏昌二首溫汝适一首張錦芳一首黎簡一首金菁莪一首孫大焜二首彭泰來二首凌揚藻三首吳岳一首羅文俊一首張維屏一首溫訓一首林聯桂一首梁同新一首徐台英一首周易一首黎佩蘭一首江逢辰一首

第十一類墓碑志表：張九齡二首劉軻四首鄭愚一首劉瞻一首余靖一首李昴英一首劉宗一首李志道一首李春叟一首吳桂發一首陳璉二首羅亨信一首陳獻章三首邱濬一首祁順一首張詡一首湛若水六首

第十一類墓碑志表：霍韜四首張潮二首黃佐一首李義壯二首王希文一首譚大初一首陳紹儒一首海瑞一首黃夢說一首陳克侯一首郭棐一首王宏誨三首祁衍曾一首楊起元二首黃維貴一首何吾騶一首李際明一首梁朝鍾一首蘇觀生一首屈大均一首薛始亨一首

第十一類墓碑志表：程可則一首楊仲興三首胡方一首馮敏昌四首李世芳一首楊揆敘一首韓慈林一首鄧詠二首吳應遴一首吳榮光一首陳在謙一首彭泰來五首陳且一首桂文燿一首張其翻一首梁廷枏一首蘇廷魁一首何日愈一首朱次琦二首樊封一首李文田二首陳澧一首廖鶴年一首梁鼎芬二首黃紹昌會習經一首函是一首光鷲二首今無一首

第十二類傳狀：鄭總一首李昂英二首陳紀一首黎貞三首黎光一首陳獻章二首謝廷舉一首祁順一首蘇葵一首黃衷一首霍韜三首鍾千一首黃佐七首翁萬達一首

第十二類傳狀：羅虞臣八首馮彬一首毛紹齡三首何維柏一首譚大初一首鄭廷鵠一首李時行三首林大春四首葉春及一首龐尚鵬一首鄭旻一首郭棐一首歐大任二首趙應斗一首陶光鎬一首陳履一首黃濬一首

第十二類傳狀：張萱一首羅良信一首袁崇友一首霍尚守二首郭之奇一首歐必元四首陳恭尹二首王鳴雷二首屈大均二首薛始亨二首薛起蛟一首李稔一首

第十二類傳狀：程可則二首車騰芳一首廖燕一首戴大昌一首李殿苞一首蘇夢蘭一首馮慈一首邵詠一首黃丹書一首吳應逵八首仇巨川一首溫瑞柏三首吳徵叙一首謝蘭生四首陳在謙六首黃培芳三首吳蘭修三首

第十二類傳狀：彭泰來二首溫颺一首黃釗一首凌揚藻一首黃大幹一首張澐一首鄧淳二首溫訓一首曾釗一首林廷式一首梁廷枏一首何曰愈二首易其霈一首李文田一首陳喬森一首林達泉一首陳伯陶五首丁仁長二首陶邵學三首朱啓連一首光鷟六首函是一首

第十三類祭誄：張琛一首劉軻一首李昂英二首趙必瑑一首陳庚一首張登辰一首黎獻二首孫蕡一首霍韜三首何維柏二首譚大初一首倫以諒一首李時行一首陳良珍二首郭棐一首鄭學醇一首祁衍曾二首余祖頤一首韓上桂一首韓日纘二首袁崇煥二首陳子壯一首黎遂球一首王鳴雷二首薛始亨一首程可則一首陳鑑一首陳璸一首車騰芳二首廖燕一首梁聯德一首張岳崧一首朱次琦一首陳喬森一首汪瑔一首梁鼎芬

一首陶邵學一首

第十四類賦：張九齡二首張隊九首姜公輔一首李南仲一首區子美一首黎貞一首陳璉二首鄧林一首李齡一首陳獻章二首邱濬五首湛若水一首方獻夫一首張潮一首王漸逵三首黃佐四首

第十四類賦：黎民表三首林大春一首胡庭蘭一首孔煦二首岑用賓一首霍與瑕三首郭棐五首李以麟一首周光鎬一首李元暢二首區大相二首韓上桂三首曾鳴雷一首黃聖年一首陳子壯一首陳子升一首劉克平一首朱完一首伍瑞隆一首

第十四類賦：黎遂球十三首區懷年二首歐主遇一首陳詩一首歐必元二首陳恭尹六首王鳴雷七首黎景義一首謝長文一首薛始亨二首

第十四類賦：陳鑑二首屈鄰一首方殿元二首陳遇夫二首李琛一首車騰芳四首梁無技三首韓海一首陳份二首陳子承一首饒慶捷二首溫瑞柏一首張潞一首林聯桂一首梁梅一首黃子高一首陳澧二首張其翻五首侯康二首龍元僖一首譚瑩三首袁梓貴二首

第十四類賦：潘繼李五首沈世良一首居鍠二首陳禮庸一首楊榮緒一首張品楨一首汪瑔三首盧必芳一首梁金韶一首陳瀚三首譚宗浚二首茹棻一首何如銓一首廖延福一首梁起六首汪兆銓一首梁於渭一首張祖詒一首趙天錫一首

第十五類箴銘贊頌：楊孚一首張九齡二首余靖一首王大寶二首李昂英二首黎貞三首陳璉一首鄧林一首盧絆一首王佐一首陳獻章一首陳政一首邱濬一首祁順一首黃衷一首湛若水二首黃佐三首羅虞臣一首李

羲壯一首倫以詵一首李時行一首歐大任六首王宏誨一首李學一二首區大樞一首尹守衡一首區大相三首馮奕垣五首黃儒炳一首濯玉振一首陳恭尹一首鄺露一首屈大均二首何絳一首薛始亨一首

第十五類箴銘贊頌：梁佩蘭一首方殿元一首張德桂一首廖燕五首葉鈞一首方天根一首林伯桐一首李清華一首彭泰來一首凌揚藻二首羅璞一首林召棠一首曾釗一首陳澧三首李徵尉一首張其翽一首許其光二首樊封一首丁照一首桂文燦一首陳璞一首楊榮緒四首李文田一首汪瑔一首孔繼藩一首黎維樅一首虞必芳三首譚宗浚二首廖廷相一首陳伯陶二首邱晉昕一首鄒權二首梁於渭一首江逢辰一首朱啓連一首鄒師正一首袁了塵一首

第十六類雜文：姚文式一首李鼎英一首區仕衡二首黎貞一首王元甲一首孫蕡一首唐豫一首廖謨一首邱濬一首陳政一首梁焯一首湛若水一首黃佐四首張潮一首羅虞臣一首陳紹儒一首李時行一首葉春及二首海瑞二首郭棐一首姚岳祥一首葉夢熊一首區大相一首王宏誨二首韓上桂一首李孫宸一首黎遂球一首陳詩一首陳恭尹一首王邦畿一首王鳴雷一首鄺露一首屈大均一首方殿元一首譚瑩二首勞潼二首陳壽森一首譚宗浚一首黃鏐一首白玉蟾一首

乙、別集

壹、唐

張九齡：中唐初曲江人字子壽景龍初擢進士開元中徵拜同章事中書令後因諫事以尚書右丞相罷官卒

證文獻以文學冠一時

一、曲江集二十卷　張九齡　四部叢刊影明成化本22/233　二、曲江集十二卷　明萬曆李延大刻本22/233　三、曲江集十二卷　明崇禎東莞篁村張氏刻本22/233　四、曲江集十二卷　廣東叢書影溫汝适批校本10/561/1—8　五、曲江集　河南高叔嗣選明刻本　此爲二張之一與張燕公集合刻22/233　六、曲江集考証二卷　溫汝适著　嘉慶珍想堂刻本24/45(233)　又一部　廣東叢書影印本10/561/9（註：言廣東人著作以曲江集爲最始曲江集之傳播于世以明邱濬從內閣抄錄成化刻本爲始嶺南詩有正風皆由于守曲江軌範故曲江集爲粵東文獻之第一）七、唐六典三十卷　張九齡等撰　廣雅書局刻本(缺)　唐會要開元二十六年二月中書令張九齡撰（六典三十卷成百官稱賀故廣東阮通志藝文畧職官門列唐六典）

八、劉希仁文集一卷　曲江劉軻　嶺南遺書本10/341　九、莫狀元集　封川莫宣卿　廣東文獻四集10/685/25-32　十、鄭僕射集　番禺鄭愚　廣東文獻四集　10/685/25-32　十一、邵太學集　翁源邵謁　廣東文獻四集　10/685/23-25　十二、北戶錄三卷　唐段公路　唐代叢書本　學海類編本叢54　萬卷樓叢書本　十三、重編嶺表錄異三卷　唐劉珣　武英殿聚珍叢書本057/899　說郛本　唐代叢書本　十四、六祖壇經二卷　唐釋法海　海幢寺經坊本64/928.2　又鉛印本

弍、宋

余　靖：北宋曲江人字道安少不羈以文學稱鄉里天聖初登第以論范仲淹謫官事被貶與歐陽修王素蔡襄稱爲四諫治南海有政聲廣州有八賢祠靖其一卒謚文襄

一、武溪集二十卷　余靖　廣東叢書影明成化本10/561/10—15　二、武溪集補佚一卷　黃佛頤　廣東叢書附刻10/561/11　三、余襄公奏議二卷　黃佛頤　廣東叢書附刻 10/561/12—13　四、武溪集二十卷　余靖　民國二十年余廉表鉛印粵東編譯公司印本32/850　五、武溪集不分卷　廣東文獻二集 10/561

崔與之：南宋中葉增城人字子正紹熙進士廣人之由太學取科第自譽始之嘉熙中以觀文殿大學士奉詞卒謚清獻　六、崔清獻公集　崔與之　嶺南遺書本 10/341　七、崔清獻言行錄三卷　宋李肖龍撰嶺南遺書本 10/341　八、崔清獻公菊坡集　廣東文獻初集10/685/2

九、文溪集二十卷　李昂英　粵十三家集本 10/341—2/1—20　十、李忠簡公文溪集　廣東文獻初集 10/685　十一、秋曉先生覆瓿集四卷　趙必璩　粵十三家集 10/341—2　十二、九峯先生集三卷　區仕衡　粵十三家集10/341—2

叁、明

一、孫西庵集八卷　孫蕡　道光庚寅梁廷枏刻本 4.11/252　二、又南園十先生集本 59/926/1　三、又廣東文獻初集 10/685　四、琴軒稿三十卷　東莞陳璉　聚德堂叢書本 056/271　五、秫坡詩稿七卷附錄一卷　黎貞　道光刻本　此爲孫西庵弟子　六、鬱洲遺稿　南海梁儲十卷　民國壬子重刻本 40/409　七、梧山集二十卷　東莞王縝　鉛印本 45.9/934　八、黃文裕公泰泉集選　黃佐　廣東文獻三集　10/68 　九、庸言約選　黃佐　廣東文獻三集10/685　十、稽懲集四卷　潮州翁萬達　鉛印本　潮安翁輝東輯門人鄭三極輯後學曾彭年重輯 45.9/864　十一、薛中離先生全書　揭陽薛侃　鉛印本二十卷 44.7/646

十二、瑤石山人詩稿十六卷　從化黎民表　粵十三家集本10/341—2　十三、黎瑤石集　廣東文獻初集0/685　十四、李駕部集三卷　李時行　粵十三家集本10/341—2　十五、李青霞集　李時行　廣東文獻初集10/685　十六、梁蘭汀集　順德梁有譽　廣東文獻初集10/685　十七、井丹集二十五卷　潮陽林大春潮陽郭氏雙百鹿齋精刊本46/202　十八、羅司勳原子集　順德羅虞臣　廣東文獻四集10/685　十九、龐曲靖弼唐集　南海龐嵩　廣東文獻三集　10/685　二〇、龐氏家訓一卷　龐尚鵬　嶺南遺書三集本10/341　二一、龐惠敏公百可亭集　南海龐尚鵬　廣東文獻三集10/685　二二、歐崙山集　順德歐天任　廣東文獻初集　10/685　二三、又兩園十先生集　59/926/4—5　二四、謝山存稿十卷　新會陳吾德　同治庚午刻本44.9/272　二五、楊文懿公復所集　歸善楊起元　廣東文獻三集　10/685　二六、懸榻齋集二卷　東莞陳履　聚德堂刻本10/271　二七、謝大田抱膝居集　番禺謝與思　廣東文獻四集10/685　二八、區太史詩集廿七卷　高明區大相　粵十三家集　10/341—2　二九、區太史海目集　區大相　廣東文獻四集10/685　三〇、漱玉齋文集　東莞鄧雲霄　三一、鏡虛舟詩選十卷　鄧雲霄　46.9/230　三二、定香樓全集二十卷　南海區慶雲　鉛印本46.9/929　三三、陳文忠公遺集十一卷　南海陳子壯　粵十三家集10/341—2　三四、禮部存稿四卷　陳子壯　廣東叢書影印本　10/561　三五、昭代經濟言十四卷　陳子壯　嶺南遺書本10/341　三六、中洲草堂遺集廿六卷　南海陳子升　粵十三家集10/341—2　三七、霍文敏公全集十卷　南海霍韜　同治元年刊本　44.9/470　三八、渭厓集　南海霍韜　廣東文獻三集10/685　三九、[illegible]侍[illegible]堂[illegible]　順德梁元柱　[illegible]東文獻三[illegible]　10/685　四〇、[illegible]　四[illegible]

本56.7/402 四一、又一部 廣叢東書影印本10/561 四二、嶠雅四卷 南海鄺露 海雪堂覆刻本有鄺瑞重鐫章54.9/124 四三、赤雅 鄺露 54.9/124 四四、陳巖野集 順德陳邦彥 47/272 四五、陳忠烈公巖野集 陳邦彥廣東文獻二集10/685 四六、袁督師傳 東莞袁崇煥 滄海叢書本 00.1/8221 四七、袁督師事蹟 嶺南遺書本10/341 四八、袁經畧詩文集 廣東文獻三集10/685 四九、袁督師遺稿事彙輯六卷 東莞張江裁纂49/226 張江裁爲伯楨之子民國三十年拜袁堂鉛印本 五〇、張文烈公遺集 東莞張家玉 張伯楨 滄海叢書本 46.9/226 五一、辟雍紀事十五卷 東莞盧尙銘與吳門馮士驊同輯 明崇楨刊本46.9/486 廣東通志但列盧尙銘名未得其實

邱濬：中明瓊山人 字仲深景泰進士孝宗時累官文淵閣大學士忠厚愛士惟議論愛矯激性嗜學晚年右目失明猶賢不輟卒謚文莊 五二、瓊台會稿二十四卷 明天啓刊本七代孫爾穀爾懿重編 44.1/994 五三、瓊台會稿二十四卷 光緒庚辰重刊本50/354 五四、邱文莊公集二十四卷 乾隆廿年十二代孫名邦刊本44.1/865.2 五五、邱文莊公瓊台集 廣東文獻初集 10/685 五六、邱文莊公八卷康熙戊子焦映漢選邱濬二公合集44.1/365—4 五七、世史正綱三十二卷 民國丙子文昌郭新校刊本44.1/365—6 五八、大學衍義補一百六十卷 清正誼堂刻本44.1/865—5 五九、又民國二十年海南書局鉛印本 44.1/865 六〇、瓊臺詩話二卷 蔣冕著 海南書局鉛印本 10/7122 蔣冕爲邱文莊弟子詩話是紀述文莊詩文及行事 六一、平定交南錄一卷嶺南遺書內10/341 六二、牡丹榮辱志一卷 說郛內 叢71

海瑞：明瓊山人字汝賢嘉靖舉人官戶部主事世宗時爲諫事罷政卒謚忠介生平爲學以剛爲主自號剛峯

六三、海忠介公備忘集　廣東文獻初集 10/685, 44/850　六四、海忠介公集六卷　乾隆癸酉刊焦映漢選邱海二公集本 44/1101　六五、又一部　民國十六年海南書局鉛印本 44/1101　六六、元祐黨籍碑考一卷　海瑞撰　嶺南遺書二集 10/341

陳獻章：中明新會人字公甫居白沙里學子稱爲白沙先生正統舉人後荐授翰林院檢討其學以靜爲主教學者靜坐澄心於靜中養出端倪卒謚文恭　六七、白沙子八卷　明嘉靖楊州刻本四部叢刊影印 42/271—8

六八、白沙先生全集九卷　明萬曆刊本 42/291　六九、白沙子全集十首附首末二卷　乾隆辛卯祠堂刊本 42/271　七〇、白沙子詩教解二卷　乾隆辛卯祠堂刊本　七一、白沙語要一卷　學海類篇本　嶺南遺書本 10/341, 42/271—8　七二、陳文恭公白沙集　廣東文獻初集 10/685　七三、白沙先生年譜　新會阮榕齡輯　咸豐元年刊本 54.9/260　七四、白沙門人考　同上 54.9/260　七五、白沙叢考　同上 54.9/260

湛若水：中明增城人號甘泉弘治末登進士授編修王守仁講學于吏部若水與相應和築西樵講舍卒謚文簡　七六、甘泉文集三十二卷　同治丙寅重刻康熙本 43/83　七七、甘泉新論一集　嶺南遺書本 10/341　七八、春秋正傳三十七集　七九、聖學格物通一百集 43/88　八〇、兩都風詠四卷　明嘉靖乙未精刊本 43/33 八一、湛文簡公甘泉集　廣東文獻初集 10/685　八二、白沙子古詩教解　湛若水注附白沙集 42/271

四、清

屈大均：清順浩番禺人初名紹隆字翁山又字介子初年爲僧名今種字一靈一字騷餘中年返俗更今名工詩與陳恭尹梁佩蘭稱嶺南三大家。　一、嶺南三大家詩選二十四卷　王隼編　南海陳氏刻本 58/935—8

（陳元孝獨漉集　屈大均道援堂集）梁佩蘭六瑩堂集　二、道援堂詩集十二卷附詩餘一卷，屈大均　廣東刻本 53.1/780—2　三、翁山文外十五卷　屈大均　國學扶輪社鉛印本 53.1/760　又嘉業堂劉氏刻本 53.1/780　四、翁山詩外　屈大均　國學扶輪社鉛印本（缺）　五、翁山文鈔　薛熙選　廣東叢書影印本10/561　六、翁山佚文輯　徐信符　廣東叢書影印本10/561　七、廣東新語廿八卷　屈大均　廣東刻本 0.16/780　八、獨漉堂詩集十六卷　陳元孝　溫氏重刻本 467/272　九、獨漉堂文集十五卷文集續編一卷　陳元孝　溫氏重刻 46.7/272　十、陳獨漉年譜一卷　順德溫肅溫氏刻本 46.9/272　十一、獨漉堂詩選　黎騷暢九選　民國廿九年黃華出版社本 46.9/272 十二、六瑩堂集十七卷　梁佩蘭粵十三家集本　10/341—2　十三、南越叢錄二卷　順德梁廷枏章冉 58.9/407—4 十四、南越五主傳三卷　梁廷枏　54.9/307—11　十五、南漢書十八卷　梁廷枏 54.9/407—2　十六、南漢書考異十八卷　梁廷枏　549/407—3 十七、南漢學略四卷　梁廷枏 549/407 十八、東坡事類二十二卷　梁廷枏 54.9/407—6　十九、藤花亭鏡譜八卷　梁廷枏　54.9/407—8 二十、藤花亭書畫跋四卷　梁廷枏　龍氏中和園印本 54.9/407—9

朱次琦：同光間南海人字子襄，號稚圭。道光廿七年進士，官山西知縣隱居九江鄉，學子稱九江先生。次琦之學平實敦大，不爲性命高談，工八法，晚年疾作，盡燃其稿，人得其寸紙隻字視爲珠寶　卒于光緒十年十二月丁丑，　二一、朱九江先生集十卷　光緒廿三年刻本 56.1/977—4 二二、朱九江先生集注　開平張啓熼注　庚午刻本 56.1/977—3 二三、是汝師齋遺詩無卷數　學海堂叢刻本 54/655—3 14　二四、九江朱氏家譜十二卷　朱次琦編　0.189/977　二五、朱氏傳芳集八卷　朱次琦編　56/977

二六、九江儒林鄉志十卷朱次琦編　2.29/709　二七、朱次琦傳簡朝亮撰鉛印本　56.1/977—2　二八、禮山遺澤錄爲朱九江入祀鄉賢事鉛印本　二九、孝經集注述疏一卷簡朝亮　56.4/705—6　三〇、論語集注補正述疏十卷　56.4/705—8　三一、尚書集注述疏三十五卷　56.4/705—5　三二、禮記子思子言鄭注補正四卷　三三、讀書草堂集十三卷　三四、讀草堂答問　56.4,705—2　三五、讀書草堂明詩中華書局印本　56.4,705—3

張維屏：道光番禺人字子樹一字南山道光進士少有名工書通醫學工詩與同儕七人業雲泉山館于白雲山曰七子詩壇，自號珠海老漁，性愛松，又號松心子。三六、松心十集　54.6/226—3（珠江集　燕台集　白雲集　羅浮集　洞庭集　燕台四集　黃梅集　松滋集　廣濟集　襄湯集　清漾集　燕台六集　豫章集　匡廬集　桂林集　花地集　草堂集）　三七、松心雜詩　54,6/226—15（古歌謠　倫紀詩　感事詩　游覽詩　懷古集　讌集詩　詠物詩）　三八、聽松廬詩鈔十六卷　54,6/226—4　三九、聽松廬詩畧二卷　陳澧選學海堂叢刻　54/655—3　四〇、聽松廬駢體文四卷　54,6/226—5　四一、花甲閒談十二卷　54,6/226—7　四二、國朝詩人徵畧六十卷　54,6/226　四三、續詩人徵畧六十四卷　54,6/226—13　四四、經字異同四十八卷　54,6/226—16　四五、藝談錄二卷　54,6/226—6　四六、桂游日記二卷　54,6/226—2　四七、毛詩通考三十卷　番禺林伯桐　嶺南遺書本　10/841　修本堂本　54,9/195　四八、毛詩識小三十卷　林伯桐　嶺南遺書本　10/841　修本堂本　54,9/195　四九、供冀小言無卷數　林伯桐　學海堂叢刻本　54/655—3　五〇、冠昏喪祭儀考十二卷　林伯桐　54,9/195　五一、史記蠡測一卷　林伯桐　54,9/195五二、修本堂稿五

卷　林伯桐 54,9/195　五三、月亭詩鈔一卷　林伯桐 54,9/195　五四、古諺箋十卷　林伯桐 54,9/195
五五、學海堂志一卷　林伯桐　54,9/195　五六、公車見聞錄一卷　林伯桐　以上統名修本堂叢書
54,9/195

陳澧：清同光間番禺人字蘭甫道光舉人爲學宗主漢儒汎濫群籍無所不精先後主講于學海堂菊坡精舍
五七　東塾叢書　番禺陳澧　陳氏家刻本. 55/271—15　漢儒通義七卷　切韻考六卷外編三卷　聲律通考十卷　漢書地理志水道圖說七卷攷正德清胡氏禹貢圖一卷　五八、東塾遺書　番禺陳澧　廣雅書局刻本 55/271（摹印述一卷　水經注西南諸水考三卷　三統術詳說三卷　孤三角平視法一卷）　五九、東塾集六卷　陳澧　菊坡精舍刊本　55/271—13　六〇、中庸注一卷　陳澧　菊坡精舍刊本　55/271—13　六一、東塾讀書記　陳澧　陳氏家刻本　55/271—9　補刊第十三卷　廣雅印行所刻　55/271—18　六二、東塾遺詩　陳澧　汪氏微尚齋刻本　55/271—11　六三、憶江南館詞　陳澧　汪氏微尚齋刻本　55/271—16　六四、公孫龍子注　陳澧　汪氏微尚齋刻本　55/271—19　六五、老子道德經注　陳澧　鈔稿本　55/271—14　六六、初學編音學一卷　陳澧　聚香四筆卷六　55/271—20　六七、朱子語類日鈔　陳宗誼　廣雅書局本　55/271—12　六八、東塾年譜　汪宗衍編　嶺南大學專刊　0,18/5228

康有爲：光緒南海人原名祖詒字廣夏，一字更生，號長素，別署西樵山人有爲于學始好周禮，繼研公羊　著書有創作力，民國十六年卒。　六九、長興學記　光緒十七年廣州萬木草堂刊本　57/757　七〇、公車上書記光緒廿一年刊本　57/757.10　七一、南海先生詩集四卷　梁啓超手寫影印本　58/758　1.

、延香老屋詩集　二、汗漫舫詩集　三、萬木草堂詩集　四、明夷閣詩集　七二、南海先生詩集十五卷崔斯哲寫本商務印書館民國卅年刊　58/759—3　一、延香老屋集　二、汗漫舫集　三、萬木草堂集　四、明夷閣集　五、大庇閣集　六、須彌雪亭集　七、逍遙遊齋集　八、寥天室集　九、避島集　十、瀚漣集　十一、南蘭堂集　十二、憩園集　十三、納東海亭集　十四、美森院集　十五、游存廬集

七三、康南海書牘二卷　上海石印　57/759—6　七四、大同書　無錫錢定安校訂鉛印本　57,6/759

七五、廣藝舟雙楫　光緒壬寅刊本　57/759—7　七六、戊戌奏稿　宣統三年徐勤日本刊本　57.5/759

七七、南海康先生傳　張伯楨滄海叢書本　57.2/759　七八、萬木草堂藏畫目　上海長興書局影印本 57/756—4　七九、康南海自寫聞歲　丁巳影印本　57/764　忽六十篇詩　八〇、康氏顯妣勞太夫人墓表康有爲寫刻本　57/759　八一、春秋董氏學八卷　八二、新學僞經考十四卷 57/759

梁啓超：清末新會人字卓如號任公別署飲冰室主人十二歲補博士弟子員十七歲舉于鄉受公羊學于康有爲壯年奔走政事晚年專力于著述對佛學研究有心得民十九年一月卒　八四、飲冰室文集十三卷　宣統二年廣智書局刻本　58/402—18　八五、乙丑重編飲冰室文集八十卷　民國十四年中華書局本　58/402—7（梁廷燦序例篇中分五集戊戌以前作二集　居東瀛作三集歸國後至歐戰前作四集歐戰和議以迄甲子冬五集諸題跋及雜文皆入焉）八六、飲冰室自由書中華書局本　58/402—8　八七、新大陸游記節錄　中華書局本　48/402　八八、歐游心影錄節錄　中華書局本　58/402—2　八九、中國近三百年學術史　中華書局本　58/402—19　九〇、中國偉人傳五種　中華書局本　58/402—3　九一、桃花扇注　中華書局

本 58/402—6 九二、辛稼軒年譜 中華書局本 58/402—10 九三、佳人奇遇十六回 中華書局本
58/401—5 九四、墨經校釋 商務印書館印本 58/402—11 九五、墨子學案 商務印書館印本 58/402
—11 九六、國史研究 六篇附錄三篇 中華書局本 58/402—16 九七、國民淺訓 民國五年印本
58/402—17 九八、美國華工禁約記 廣智書局本 58/402—4 九九、清代學術概論 商務印書館印 一
○○、西學書目表三卷 時務報刊 58/402—13 一○一、梁任公近著第一輯 商務印書館民國十一年
刊 58/402—9（上卷即歐游心影錄之一部份 中卷專爲研究佛典內有中國佛教史十二篇 下卷研究國
史及其他國學之著作政治問題諸論文）

五、各府縣名著

（一）南海

一、海日堂集七卷 南海程可則 道光乙酉重刊本 54/314 二、選選樓集 南海岑徵 道光重刊本 51/698
三、吾學錄廿四卷 南海吳榮光 光緒甲申刊本 56,2/655 四、辛丑消夏錄五卷 吳榮光 56.9/655
五、石雲山人奏議 吳榮光 54.9/655.2 六、樂志堂文集十二卷 南海譚瑩咸豐庚申刊本 54/45 七
、樂志堂詩集十八卷 南海譚瑩咸豐庚申刊本 54.9/75 八、樂志堂文畧四卷 譚瑩 學海堂叢刻 54/
655 九、樂志堂詩畧一卷 譚瑩 學海堂叢刻 54/655 一○、希古堂文甲集二卷乙集六卷 南海譚宗
浚 59/497—8 一一、荔村草堂詩續稿 南海譚宗浚 59/76 一二、蜀秀集九卷 南海譚宗浚 光緒
九年刻本 59/75 一三、禹貢川澤考 南海桂文燦 鉛印本 54.9/1121 一四、說文部首句讀 南海

梓文燦鉛印本　54.9/11212　一五、廿一部古韻一卷　南海曾釗　稿本　54/459　一六、虞書命羲和章解
南海曾釗　嶺南遺書　10/341　一七、周禮注疏小箋四卷　南海曾釗　學海堂叢刻　54/655/6—7　十
八、面城樓集鈔四卷　南海曾　釗　學海堂叢刻　54/655/8—9　十九、雲南鹽政紀要二卷南海潘定祥
60/54　二〇、樵山集　南海潘繁恩　59/53.2　二一、綠猨叢鈔五冊　南海馮恩稿本　50/63　二二、扶
桑物志　南海譚祖倫　59/79　二三、南橋廬詩草二卷　南海譚顯年　59/75.2　二四、傲雪山人雜草
南海傅慧陽　68.9/1128　二五、丹霞吟草　南海崔師貫　63.9/604　二六、披雲樓詩草　南海李景康
68.9/507.3　二七、游覽日記　南海黃丁因　63.9/1878　二八、念詩絕句記　南海馮秋雪　59/63　二
九、綠蘿書屋遺集四卷南海　羅文俊　59/685　附論芬堂詩草一卷　鄧家鏡著　54.9/286—2　三〇、兩
浙輶軒續錄五十四卷南海潘衍桐浙江刻本56/53　三一、燕都投贈錄潘衍桐等　三二、在山草堂燼餘集十
二卷南海黃紹憲鉛印本　59/467.5　三三、三洲日記八卷　南海張蔭桓鉛印本　59/277.3　三四、學計
一得二卷　南海鄒特夫　鄒徵君遺書之一59/329　三五、詩經釋參四卷　南海鄧　翔　孔廣陶碌墨精刻
56.9/235　三六、巢蚊睫齋詩鈔二卷　南海陳謙56.9/2471.3　三七、粵諷　南海招子庸精刻本54.9/1368
三八、禹貢水道論　南海關溶光道光刻本　54.9/865　三九、何淡如文鈔　南海何又雄　鈔本59/349
四〇、海岳游客集　南海勞伯言56.9/467　四一、歷代災祥錄　南海鄧清安59/235　四二、蠶桑譜二卷
南海陳啓沅59/271.3　四三、中國輿地圖說　南海羅汝楠　鉛印本59/954　四四、茜雅遺翰　南海余
肇湘　影印精本63.9/870　四五、越台雜記四卷　南海關當年　稿本56.9/108

(二)番禺

一、蓮塘詩鈔四卷 番禺陳世熙 陳其錕之祖 59/278 二、陳禮部文集 番禺陳其錕 54/272 三、陳禮部詩集 番禺陳其錕 54/272 含香集四卷 循陔集四卷 載酒集四卷 四、論語朱注疏殘本 番禺陳昌治 59/272 五、鄭齋雜記 番禺陳澧 56.9/276 六、感遇堂外集 番禺陳澧 54.9/272.3 七、尺岡草堂遺詩八卷文四卷 番禺陳璞息園刻本 59/271 八、斜月杏花屋詩鈔 番禺葉英華 54.9/561.2 九、花影吹笙詞二卷小游仙詞附 葉英華 家刻本 56.9/561 一〇 海雲閣詩鈔 番禺葉衍蘭 59/560 一一、秋夢庵詞鈔 番禺葉衍蘭59/560—2 一二、清代學者像傳 番禺葉衍蘭56.9/561 一三、小祇陀盦詩鈔四卷 番禺沈世良54.9/8 一四、倪雲林年譜 番禺沈世良59/8 一五 懺庵遺稿二卷 番禺沈澤棠58.9/1 一六、懺庵隨筆八卷 番禺沈澤棠59/1 一七、詩與文錄 番禺黃位清54.9/497 一八、知稼軒詩鈔九卷 番禺黃子高 道光廿八年刊54.9/504 一九、續卅五舉一卷 番禺黃子高 商務書館本 54.9/504—2 二〇、何宮贊遺書 番禺何若瑤 廣雅叢書本056/378 春秋公羊注疏質疑二卷 前後漢書考証二卷 二一、番禺潘氏詩畧二十三卷 番禺潘儀增編 54/38 二二、說劍堂集 番禺潘飛聲 光緒刻本 59/54 (老劍文稿 西海紀行 天外歸槎集 香海集 游樵漫草 悼亡百韵 海山詞 花語詞 珠江低唱 長相思詞)二三、說劍堂集三卷詞一卷 潘飛聲 民國廿三年仿宋本 59/56 二四、海雅堂集廿二卷 番禺凌楊祖家刻本 54.9/62—2 二五、齒句篇 番禺凌揚藻 嶺南遺書本 54.9/62 二六、靈洲詩集六卷 番禺徐灝 54/885 二七、象形文釋一卷 番禺徐灝鈔本 59/537 二八、重修名法指掌

番禺徐灝　崇文書局刊本　54.9/12　二九、溝洫水利輯說八卷　番禺陳仲良稿本　50/271　三〇、廣元遺山年譜六卷、番禺李光廷家刻本 54.9/507 三一、紀批蘇詩擇粹　番禺趙鳳儀 54.9/928　三二味根山房詩鈔九卷文一卷　史善長　56.9/967　三三、東遷紀畧　史善長　54.9/967　三四　趨庭瑣語八卷　番禺史澄　光緒乙丑繼園刻　56.9/966　三五、劬書室遺集十六卷　番禺金錫齡　光緒廿一年刊　59/898　三六、理學庸言二卷　番禺金錫齡　光緒廿一年刊　59/898　三七、子良詩錄二卷　番禺馮詢　56,9/63　三八．黃帝陰符經直解　番禺丁杰載於黃老直解之內59/948　三九、老子道德經直解　番禺丁杰　56/948－2　四〇、丁潛客先生遺詩　番禺丁仁長　63,9/947　四一、缺齋遺稿三卷　番禺傅維森　鉛印本　63/348　四二、願巢類稿三卷　番禺陶劭學，光緒廿三年刻 59/279　四三、濟盦文存二卷　番禺吳道鎔　鉛印本　59/659　四四、惺庵遺詩八卷　番禺石德芬　鉛印本　59/776　四五、粵海潮音集　番禺張學華　山東刻本　59/290　四六、節庵先生遺詩六卷　番禺梁鼎芬　湖北盧氏刻　59/403　四七、葵霜閣遺詩　番禺梁鼎芬　精鈔稿本　59/671　四八，鬼趣圖題詠　番禺潘仕成輯海山仙館刻本　54.9/58　四九，劉光祿遺稿　番禺劉錫鴻　59/869.2　五〇．棣垞集四卷　朱啓連執信之父　59/977.2　五一，朱執信集二卷　番禺朱執信建設社刻本　62.5/977　五二，朱執信文存　朱執信邵元冲編　民智書局印　64/824.2　五三，不匱室詩鈔八卷　番禺胡漢民　寫刻本　62/152　五四、不匱室詩鈔八卷　胡漢民　仿宋印本　62/152　五五、青瑞先生遺稿　番禺胡衍鶚　鉛印本　59/152　五六、孔子書　周易詩尚書春秋　胡衍鶚　鉛印本　63.9/152　五七、飲流齋說瓷　番禺許之衡北平鉛印　59/90　五八、肇

花草堂詞　番禺張逸　鉛印本　59/231 五九、樂園稿鈔文鈔二　駢文一　詩鈔二　詞鈔一　番禺張錫麟　家刻本　59/266.2　六〇、普木山房集四卷　番禺陶炳照　家刻本 59/279.2　六一、數學上篇　番禺潘應祺 59/488　六二、傷寒類編　番禺陳慶保63.9/278　六三、遐庵彙稿　上中下　番禺葉恭綽　鉛印本 64/561 六四、遐庵年譜　番禺葉恭綽　鉛印本 64/567 六五、聽泉山館詩集　番禺鄒靜泉 63.9/309

六六、耕餘吟草　番禺李承宗 59/506.8　六七、問岐山詩詞遺草　番禺周浚霖 59/507.3　六八、耕雲別墅詩　番禺鄔啓祚　54.9/866　六九、耕雲別墅詩話　鄔啓祚　54.9/866 七〇、南山佳話　鄔啓祚壽詩　54.9/866—2　七一、立德堂詩話　番禺鄔以謙 63.9/866.5　七二、習因閣詩集　番禺鄔寶珍　59/866.3 七三、明珠　鄔寶珍　63.9/866.2　七四、鼎樓詩草二卷　番禺鄔慶時　63.9/866.4　七五、聽雨樓隨筆四卷　鄔慶時　63.9/866　七六、窮忙小記　鄔慶時　63.9/866.2　七七、東齋雜誌　鄔慶時　63.9/866—6　七八、南村草堂筆記四卷　鄔慶時93.9/866—3　七九、九峯采蘭記　鄔慶時　63.9/866—7

八〇、日京竹枝詞　番禺陳道華　59/576—2　八一、赤國家庭懷蔭詩　番禺張開蓮　63.9/229　八二、千里壯游集　番禺馬師曾　63.9/810　八三、倚雲樓詩　番禺女士劉月娟　59/873　八四、華盛頓全傳　番禺蔡國昭與遵義黎汝謙同譯　59/621　八五、隨山館全集　山陰汪瑔入籍番禺家刻本 59/9 松烟小錄六卷　猥稿十卷　旅譚二卷　八六、隨山館簡編四卷　汪瑔　59/9.3 八七　偓默齋集詩四卷文一卷詞一卷　番禺汪兆銓　60/9　八八、微尚齋詩稿二卷續稿三卷　番禺汪兆鏞　63.9/9.63.9/9—2　八九、乙己紀游草一卷　汪兆鏞63.9/9—8　九〇、微尚齋雜文　汪兆鏞　九一、雨屋秋燈詞一卷續一卷三編一卷

·汪兆鏞 59/9.2—2 、九二，澳門雜詩 汪兆鏞8.21/1102 九三、嶺南畫徵錄 汪兆鏞 59/92—3 九四、覊芬錄 汪兆鏞 59/9.2 九五、雙照樓詩詞稿 番禺汪兆銘 63.9/94 九六、汪精衛庚戌蒙難實錄

張江裁纂

（三）順德

一、不去廬集 順德何絳 廣東文獻四集 10/685/25—32 二、自䀻軒集 順德歐主遇 廣東文獻四集 10/685/25—32 三、謌山堂集 順德余錫純 廣東文獻四集 10/685/25—32 四、癭暈山房集 順德羅天尺 廣東文獻四集 10/685/25—32 五、五山志林 順德羅天尺 嶺南遺書 10/341/68—70 六，水疼集 順德陳份 廣東文獻四集 10/685/25—32 七，不窺園集 順德嚴大昌 廣東文獻四集 10/685/25—32 八，藥房集 順德梁麟生 廣東文獻四集 10/685/25—32 九，深柳集 順德潘文因 廣東文獻四集 10/685/25—32 十、黎射洪集 順德黎偉光 廣東文獻四集10/685/25—32 一一，賜書樓詩 順德胡亦常 廣東文獻四集 10/685/25—32 一二，賜書樓詩一卷續一卷 胡亦常乾隆原刻本 54.9/153 一三，九曉堂集詩文 順德潘蘭臬 原刻本 54/54 一四，五百四峯堂詩鈔二十四卷 順德黎簡 54.9/709 一五，陔餘叢錄十六卷 順德胡斯鎮原刻本 54.9/152 一六，敬學軒文集十二卷 順德龍廷槐 道光刊本 54.9/115 一七，安舟雜鈔 順德蘇珥 54.9/685—2 一八，典三賸稿四卷 順德周演清 原刻本 54.9/910 一九，擁雪齋詩鈔六卷續一卷 順德溫汝适 59/45 二〇，復齋詩鈔 順德陳華封 鈔本 54.9/272.2 二一，羅文恪公遺集二卷 順德羅惇衍 54.9/685 二二，蟫庵詩集

順德雜悖一 68.9/682 二三、止齋文鈔二卷 順德馬福安學海堂叢刻 54/655—3/11 二四、尙書源
流二卷 順德馬貞榆兩湖書院刻本 59/808 二五，所託山房詩鈔 順德周遐桃 59/914—2 二六、李
文田石角堤書札 順德李文田影印本 59/507—2 二七、雙溪醉譜詩注 順德李文田 知服齋叢書本
59/507 二八、撼龍經注 順德李文田知服齋本 56/507—3 二九，蒹葭樓詩集 順德黃節 63
.2/497 三〇、曹子建詩箋 順德黃節 68.9/498 三一、漢魏樂府風箋 順德黃節 68.2/497,2 三
二、盧舟詩草 順德賴學海 59/181.2 三三、邱園八咏 順德賴詒桐 59.5/994 三四、邱園隨筆
順德賴詒桐 59/865.2 三五、道德經詁儒 順德賴振宗 59/181 三六、秋浦騷歌 順德蘇翠涯
54.9/686 三七、鄧和簡公奏議三卷 順德鄧華熙 56.9/325.2 三八、五嶽游草一卷 順德陳體元道
光庚寅刊 54,9/271.8 三九、地方分治商榷書 順德陳文泉 68.9/272.2 四〇、惜惜禽詩稿 順德
陳庚同 68.9/278.2 四一、勤補拙軒詩鈔稿 順德何鍾瀛 63.9/349 四二、宦滇紀略 順德伍肅徽
光緒十三年刊 59/341 四三、五山草堂初篇、順德龍令憲 59/115

（四）東莞

一、東莞詩錄六十五卷 東莞張其淦 張氏寓園刊本 10/227 二、五代詠史詩 東莞張其淦 59/227
三、元八百遺民詩詠八卷 張其淦鉛印本 59/227—8 四、明代千遺民詩八卷 東莞張其淦 59/229
—2 五、誦芬堂詩集文集、東莞鄧蓉鏡 54.9/326,54,9/326—2 六、瓜廬文牘四卷 東莞陳伯陶 5
6.9/271.2—1 七、孝經說三卷 東莞陳伯陶 68.9/271.4 八、勵月山房文鈔四卷 東莞何仁山 56.97

349 九、讀子先河　東莞劉翰棻　59/369　十、蘩㭊樓詞草　東莞劉翰芬　63.9/369　十一、一廬存稿
甲集二卷乙集二卷　東莞劉乃勛　59/376　十二、滄海落花詠　東莞張伯楨　68/226

（五）香山

一、香山詩錄十五卷　香山黃紹昌劉熽芬輯　10/497—2　二、鐵城三先生詩存　56.9/511　（勺園詩鈔
四卷　李遐齡　証眞齋詩鈔陳子清　松溪詩　李嘉元）　三、勺園詩鈔四卷　香山李遐齡　54.9/511
四、存□齋文集十三卷　香山何日愈　54/9355　五、嘉顯堂圖書會要三卷　香山何劍湖　54.9/349
六、香石詩話　香山黃培芳　54.8/497　七、盛世危言八卷　香山鄭官應光緒乙未刊　59/141—2　八、羅
浮待鶴山人詩草二卷　鄭官應　59/141　九、春秋佳日詩鈔　香山劉嘉謨　道光丙午刊　54.9/370　十、
粵嶽子一卷　香山黃培芳　54.8/497—2　十一、珠璣巷民族南遷記　香山黃慈博稿本　63.1/491　十二
、鄂韜戰筆　崖山李翰芬　59/506　十三、曼殊上人山叢子遺詩　香山蘇玄瑛　59/636　十四、抱香
詞　香山　楊遠夫　54.9/203　十五、孫雄遺詩　香　孫雄　64/251.2

（六）新會

一、胡金竹鴻梢堂集　新會　胡方鉛印本　45/159　二、周易本義注六卷　新會　胡方嶺南遺書本
10/341/49—54 三、希古堂詩詞　新會　黃炳堃原稿本 59/497 59/4.97—2 四、希古堂文存八卷詩詞存二卷
尺牘一卷　新會黃炳堃　民國廿二年其孫實刊本 54.9/497 54.9//497—2 五、蒿蓼軒吟稿　新會譚國恩光
緒刊本 56.9/81 六、陳慶笙　才文　四卷　新會陳　簡氏刻本 59/273 七、漢官問答　陳　端溪

59/273.5 八、皇朝直省地名韵語 陳慶鏞 番禺韓雲台補59/271.5—2 九、幼雅九卷 新會陳榮袞 59/272.6 一〇、讀過傷寒論十八卷 新會陳伯壇64/271.8 一一、古今人物別名索引 新會陳德芸64/271.10 一二、吳漁山年譜 新會陳垣輔仁學校刊本63.9/271—8 一三、讀書隨錄十四卷 新會區德森59/929 一四、昝雲館詩詞卷 新會傅韶63.9/406 一五、刧餘近草 新會[illegible] 昀60/709 一六、慈園文鈔 新會黎 昀59/710 一七、致知齋文稿六卷 新會李榕階68.9/506.3

（七）新寧

一、正學續四卷 新寧陳遇夫 嶺南遺書10/341/46—47 二、史見二卷 新寧陳遇夫 嶺南遺書 10/341/48 三、迂言百則 新寧陳遇夫 嶺南遺書10/341/48 四、趙畬庵集九卷 新寧趙天錫 岑錫祥編95/922 五、寧陽學存一卷 新寧趙天錫 明善社刊 59/926 六、寧陽雜存二卷 新甯趙天錫 明善社刊 59/928 七、嶺南詠古詩 台山余傳垣 鉛印63.9/870.2 八、嶺南小雅集 台山黃文寬輯鉛印63.9/408.2 九、鳳廉文遂前集二卷 台山伍于瀚63.9/347 十、史記文法舉例 台山黃炳照63.9/497

（八）三水

一、師竹山房文集二卷 三水歐陽鎔59/223 二、花之証果 三水梁士詒 鉛印本 63.9/4032 三、三水梁燕孫先生年譜二卷梁士詒鳳岡及門弟子編64/403 四、近世中國秘史三水徐勤 廣智書局本 59/878 五、四園叢稿 三水黃榮康63.9/507（詩鈔二卷 續鈔二卷 清宮詞本事一卷）六、胡翼南先生全集六十卷 三水胡禮垣64/152 七、駱文忠奏議十一卷 花縣駱秉章 山陰宋氏刊本54.9/180—2 八、駱文忠自

訂年譜　花縣駱秉章　思賢講舍刊本54.9/160

（九）肇慶各縣

一、端溪叢書　番禺傅維森輯055/7112　二、端州小紀四卷　陽春鄧元光　道光刻本5 3/286　三、端溪詩述　高要黃登瀛54.9/501　四、端溪硯史　嘉應吳蘭修　嶺南遺書10/841　五、寶硯堂硯辨　高要何傳瑤0.14/429　六、端石擬　海鹽陳齡　七、端溪硯坑記　陽湖李兆洛　架香叢書內　八、星岩今志六卷　高要黎傑5.12/709　九、鼎湖山志　釋成鷲5.322/118　一〇、鼎湖外集五卷　即慶雲寺外集　開濟5.12/1101　一一、廣東西江沿江地質礦產徐瑞麟　蔣溶　地質年報第四卷 5.024/578.　一二　西江各縣蠶絲業　鄧浩存等輯　建設廳農林局印5.0656/235　一三、文廟紀畧　開平張璋軒59/226.3　一四、四益友樓文鈔五卷　鶴山易其霈59/680　一五、彭泰來全集　高要彭泰來　原刻本54.9/171（詩義堂、二卷彭輅　泰來之父　詩義堂後集六卷　彭泰來　昨夢齋文集四卷　彭泰來　一六、天問閣外集　彭泰來）在端溪叢書內055/7112　十七、高要金石略三卷彭泰來附刻高要縣志 5.3/160　十八、南雪草堂詩鈔二卷　高要石經　54.9/371　原刻彭泰來全集僅詩義堂集後卷昨夢齋文集三種民國六年重修彭泰來全集將天問閣外集高要金石畧附入並將彭友石經南雪草堂詩鈔附後

（十）惠州各縣

一、靜冰閣奏議．卷　歸善鄧承修　54.9/235　二、中越勘界往來電四卷　鄧承修附於靜冰閣奏議之末54.9/235　三、江孝通遺集十九卷　歸善江逢辰　.64/100　四、廖仲凱集　惠陽廖仲凱　63.9/765　五

、研桐文鈔　長寧趙希璜　54.9/922　六、洪泉摹古錄　長寧趙希璜　黃氏鈔本　54.9/922　七、竹人詩集　龍川張子鈞　56.9/293　雷鄉野乘八卷　說惠州和平縣事張日帆　8 351/281　九、龍川藍關之研究　張一颿 3.36/226　一〇、東坡寓惠集　歸善黃天秩輯　3.31/294（詩三卷雜著一卷　海南集一卷）一一、羅浮紀勝三卷　羅陽黃錫圭輯　3.312/284　一二、羅陽紀勝三卷　羅陽黃錫圭輯　3.312/284

（十一）潮州各縣

一、潮州藝文志　潮安饒鍔輯　3.4/291—2　二、潮州西湖山志　潮安饒鍔輯　3.4/291　三、龍岩泉游集十五卷潮安陳龍慶　56.9/271　四、最新潮音新檢字　劉繹如　大象出版社印　3.482/369　五、明季潮州忠逸傳二卷大埔溫廷敬輯　3.418/50　六、磨盾餘譚一卷　卽潮嘉防守紀畧　山陰朱用孚同治十一年刊　3.445/9　七、潮牘偶存二卷　如皋冒澄　8.416/1211　八、潮乘備采錄　浙杭陳坤　咸豐六年署海陽巡檢署海陽藝文志萃錄　3,416/271　九、六輿圖二十四卷　潮陽鄭之僑　乾隆九年刊　53.9/147　一〇、潮史百咏　潮州李鈞鍫　鴻泥樓校刊　59/506　一一、閩南游記　潮安陳宗鑑　63.9/272　一二、一行阿闍黎字母表淺注　潮安王弘願　民十七年刊　59/984　一三、吳六奇書扎　豐順吳順恪　康熙鈔本 51/483　一四，曲阜林廟展謁記饒平陳沅 68 9/271 一五、湧波閣詩鈔四卷　黃岡張泰祥　64/280　一六、撫吳公牘五十卷　豐順丁日昌光緒丙子家刻本54.9/954　一七、秋閣文鈔三卷　揭陽姚梓芳　民國已卯鉛印本　一八、桐陰詩集　大埔饒慶捷59/291　一九、使東述畧　大埔何如璋　68.9/349.2　二〇、澄廬詩稿　大埔鄒魯　附於澄廬文集之后64/329

（十二）嘉應州各縣

一、紅杏山房詩鈔　嘉應宋湘54.9/414—2（燕臺贐藩　南行草　滇蹄集三卷　試帖詩　豐湖漫草續草
不易居齋集　兩漢書摘詠　詞館賦鈔）二、繡子先生集十五卷　嘉應李黼平　李雲僑仿宋刻本 54/506
三、讀杜韓筆記　嘉應李黼平　鉛印本　54/506.12　四、南漢紀五卷　嘉應吳蘭修　嶺南遺書 10/841　五
、南漢地理志一卷　吳蘭修　嶺南遺書10/841　六、南漢金石志一卷　吳蘭修　嶺南遺書 10/841,54.9/
655 七、端溪硯史三卷　吳蘭修　嶺南遺書　10/841,54.9/655　八、桐花閣詞鈔　吳蘭修　學海堂叢刻54
655—3　九、荔村吟草二卷　吳蘭修　管涵文輯刊54.9/655—2　一〇、鐵樹樓詩鈔三卷　嘉應李光韶
精鈔本54.9/507　一一、人境廬詩草十一卷　嘉應黃遵憲　東洋原刻本68.1/501—2　又　民國二十年黃
能立印商務印書館本63.1/501—2　一二、人境廬詩草箋註　常熟錢蕚孫鉛印本63.1/501—3　附黃公度年
譜　一三、黃公度先生詩箋三卷　梅縣古直63.1/501　一四、四隅餘錄　嘉應楊仲興54/203　一五、實
事求是齋文鈔　嘉應楊懋建54.9/204　一六、實是求是齋集存　嘉應楊懋建54.9/204　一七、留香小閣
詩詞鈔　嘉應楊懋建　上三種合一冊稿本54.9/204　一八、留香小閣詩詞鈔　又鉛印本56.9/204　一九
、京塵雜錄四卷　嘉應楊懋建鉛印本59/204　二〇、庚辛南游詩紀　嘉應王恩翔59/984.2　二一、三香
山館詩集　嘉應廖道傳60/760　二二、中庸釋義　嘉應蕭開先60/569　二三、論語管窺　梅縣熊理64/745
二四、客人對　梅縣古直63.9/471—3　二五、層冰文集五卷　梅縣古直63.9/471—2/4　二六、陶靖節詩
箋四卷　梅縣古直　63.9/241—2/2　年譜四卷　63.9/271—2/3　二七、阮嗣宗詩箋一卷　梅縣古直

63.9/271—2/1 二八、海國公餘輯錄六卷嘉應張煜南 59/226 雜著三卷 二九、讀白華草堂詩九卷 鎮平黃釗 59/497 三〇、嶺雲海日樓詩鈔十三卷選外集一卷鎮平邱逢甲鉛印本 59/994 三一、邱滄海詩選六卷附年譜鎮平邱逢甲商務印書館本 59/994—3 三二、希山叢書 興寧羅師揚 63.9/684 亞洲 史文鈔 三三、守玄廬叢牘三卷 五華鍾毓元 63/302 （深縣公牘 容城公牘 新寧公牘）

（十三）高州各縣

一、庭訓求翮篇六卷 茂名吳虎峯 咸豐刻本 54.9/655 二、望未見齋詩文草二卷 茂名容驅培 同治刻本 54.9/53.8 三、北行日記南還日記 茂名楊廷桂 同治刻本 56.9/208 四、友聲集供籌序之屬 茂名林樸山 鉛印本 63.9/204 五、說文彂言 李卓立 63.9/507.4 六、說文新附通正四卷 電白邵灘評 59/234 七、雁游詩草 電白康源 59/757 八、廣東便覽 化州李應珏 0.16/508 九、廣西便覽 化州李應珏 59/58 一〇、浙志便覽十卷 化州李應珏 59/508 一一、求志居存稿六卷 信宜李再榮 59/507.4 一二、李少岩遺著 吳川李文泰 59/513 一三、岳武穆年譜 吳川李漢魂 54/506—9 一四、讀子卮言二卷 廉江江 瑔 60/9.2

（十四）瓊州各縣

一、海南叢書 鉛印本 10/7122（第一種邱海合集第二種瓊臺詩話第三種雞肋集 王佐（缺）第四種邢湄邱集 邢宥第五種唐西洲集 名傳芳集 唐胄第六種陳中秘集 陳是集第七種陳檢討集陳繗第八種鍾筠溪集 鍾芳 第九種張事軒摘稿張子翼 第十種石湖遺集鄭廷鵠 第十一種北泉草堂集林士

元　第十二種梁中丞集　梁雲龍　第十三種許忠直集　許子偉　第十四種松谿小草　王懋曾　第十五種揚齋集王承烈　第十六種白鶴軒集　韓錦雲　第十七種　志親堂集　林燕典　第十八種抱經閣集　馮驥擊　第十九種天池草（缺）　第二十種筠心堂集　張岳崧）二、白眞人全集十卷　瓊山白玉蟾　同治戊辰重刻本 50.9/1118　三、五公祠志畧　瓊山縣政府編　54.9/624　四、蘇文忠海外集四卷瓊山王時宇編　54.9/642　五、筠心堂文集十詩卷集十卷　瓊山張岳崧道光甲辰刊　54.9/227　六、玉章館詩集昌江任采芹　63.9/906

（十五）廉州

一、合浦耆舊文詩叢鈔劉潤綱輯鉛印本　54.9/689（海門集輯佚　李符清字德輿　味蘭詩稿　岑冠山字瀛嶠　味菜根堂文存劉定康字吉士　羅江詩錄　羅江耆舊撰　弒園遺稿　王傳緗字芸閣　平園遺稿　李懷本字小崇　如漁舟居詩草　郭子臨字漁溪）二、燕京紀游一冊　合浦張棨崧　63.9/227　三、五嶽游一冊　合浦張棨崧　63.9/227.2　四、魯鄒聚蹟記　合浦張棨崧　60/227

（十六）南雄州隸定州

一、疊瞻廳翻芬紀事楹聯紀事　南雄莫爾瑤　63.9/585　二、南昌吟草　灝東梁樹勛　59/402　三、雙珠吟草　灝東梁樹勛　59/402.2

六、寓賢名著

一、林文忠公政書　林則徐　90/196　二、彭剛直奏稿八卷　彭玉麟　90/170　三、廣雅堂詩集　張之

洞 上海石印本 90/998 四、張文襄幕府紀聞 張之洞 鉛印本 90/1288 五、張文襄書扎 張之
洞 六、不自慊齋漫存六卷徐賡陛 90/380 七、硯桂緒錄 侯官林昌彝 90/194.2 八、東陽隨筆
侯官林燿如 博茂場務之作 90/197 九、零志樓游山詩集 易順鼎 90/680 一〇、雲起軒詞 文廷
式 李木齋影印 90/487 一一、嶺西公牘彙存十卷 定遠方濬師多青肇慶政務 56,9/438 一二、圭
山存牘 上海李鍾珏 光緒刻揭陸豐縣文牘 3.39/890 一三、潮牘偶存一卷 如皋冒澄 3.416/211
一四、茶城驪唱集（即開平） 贈送曾昭聞縣長 59/459 一五、佛岡官轍詩 大興朱雋瀛 59/958 一六
、雜詠各地名勝 徐琪（首連州鍾乳石歌） 59.5/1878 一七、滋園粵游尺牘四卷 新化劉家桂 0.15/870
一八、嶺南集四卷 仁和杭世駿學海堂刻本0.15/187 一九、嶺南集四卷 景東羅含章 嘉慶刻本54
9/688 二〇、嶺南集鈔 羅含章南蕃李長榮耕咸豐辛酉刊54.9/196.2 二一、嶺海詩存十四卷 侯官林
直 光緒卅一年刊本59/196.2 二二、海天樓雜俎 喻少白54.9/871 二三、五百石洞天揮塵十二卷
邱煒萲59/365 二四、劉大同嶺南吟60/876 二五、嶺南逸史二十八回 花溪逸史編坊刻本59/1216 二
六、粋游草一卷 萍鄉文星瑞 同治八年刊于廣州54.6/996 此雖游桂 但由廣州往多與粵人唱和並詠粵
事 二七、無終始齋詩文集 桂平程大璋59/366 二八、味蘭軒詩草漫存 陳伯達68.9/271—5 二九、
杏庄脞錄 李精恕 言佛事68.9/506.2 三〇、一知堂文存三十四卷 定遠方濬頤90/488.2 三一、懷古
田舍詩鈔 漢軍徐榮54/379 三二、小南海詩鈔 漢軍徐同善54.9/383 三三、談風月軒詩鈔稿本 漢
軍徐同善54.9/878 三四、官制篇 漢軍李家駒59/507.2

杜氏叢著書目摘要

杜氏叢著凡五十餘種茲摘錄如次

一、學校教育指導法（中華）
二、圕學概論（商務）
三、校讎新義（中華）
四、圖書管理學（中華）
五、圖書編目法（商務）
六、圕與成人教育（中華）
七、中國檢字問題（自刊）
八、漢字形位排檢法（中華）
九、明見式編目法（上海圖書學校）
十、學生時代（大道）
十一、業餘藝術（時代）
十二、中心圖書分類法（省圖）
十三、心理學（中華）
十四、圕通論（商務）
十五、圖書選擇法（商務）
十六、圖書館（商務）
十七、學校圕學（商務）
十八、童子軍良伴（商務）
十九、圕表格與用品（商務印刷所）
二十、普通圕選目（中華）
廿一、圕雜作（自刊）
廿二、怎樣寫畢業論文（自刊）
廿三、杜氏圖書分類法（上海圕協會）
廿四、漢字排字法（仝上）
廿五、圖書管理程序（中大圖）
廿六、杜氏叢著書目（自刊）

本館刊物（出版及代售）

一、廣東方志目錄
二、廣東族譜目錄
三、廣東文化論叢
四、景陶庵讀史錄
五、東西南沙群島資料目錄
六、中心圖書分類法
七、中學圖書手冊

中華民國卅八年五月初版
廣東文化論叢
編者：定友
發行：廣東省立圖書館
印刷：天成印務局
惠福東路一二六號
電話：一三〇二〇

書名：廣東文化論叢
系列：心一堂　粵語・粵文化經典文庫
原著：杜定友 編
主編・責任編輯：陳劍聰

出版：心一堂有限公司
通訊地址：香港九龍旺角彌敦道六一〇號荷李活商業中心十八樓〇五—〇六室
深港讀者服務中心：中國深圳市羅湖區立新路六號羅湖商業大厦負一層〇〇八室
電話號碼：(852) 67150840
網址：publish.sunyata.cc
淘宝店地址：https://shop210782774.taobao.com
微店地址：　https://weidian.com/s/1212826297
臉書：　　　https://www.facebook.com/sunyatabook
讀者論壇：　http://bbs.sunyata.cc

香港發行：香港聯合書刊物流有限公司
地址：香港新界大埔汀麗路36號中華商務印刷大廈3樓
電話號碼：(852) 2150-2100
傳真號碼：(852) 2407-3062
電郵：info@suplogistics.com.hk

台灣發行：秀威資訊科技股份有限公司
地址：台灣台北市內湖區瑞光路七十六巷六十五號一樓
電話號碼：+886-2-2796-3638
傳真號碼：+886-2-2796-1377
網絡書店：www.bodbooks.com.tw
心一堂台灣國家書店讀者服務中心：
地址：台灣台北市中山區松江路二〇九號1樓
電話號碼：+886-2-2518-0207
傳真號碼：+886-2-2518-0778
網址：http://www.govbooks.com.tw

中國大陸發行　零售：深圳心一堂文化傳播有限公司
深圳地址：深圳市羅湖區立新路六號羅湖商業大厦負一層008室
電話號碼：(86)0755-82224934

版次：二零一八年十二月初版，平裝

定價：　港幣　　八十八元正
　　　　新台幣　三百九十八元正

國際書號 ISBN 978-988-8582-16-7